Tanja Kraus / Eva Riegger-Kuhn

Materialien und Kopiervorlagen zu

Raquel J. Palacio
Wunder

Hase und Igel®

Inhalt

„Wunder“ – Das Buch im Unterricht 3

Seite 7 bis 120: Auggie tastet sich vor

Inhalt und Vorschläge zur Unterrichtsgestaltung 5
Kopiervorlagen: Abseits der Norm 14
Autofahrt der Gefühle 15
Eine Chance für Auggie? 16
„Star Wars“ schützt vor Angriff nicht 17
„Sommer-Tisch“ und „Padawan“ 18
Tarnen und Täuschen 19

Seite 121 bis 293: Wir um Auggie, wir mit Auggie (1)

Inhalt und Vorschläge zur Unterrichtsgestaltung 20
Kopiervorlagen: Das „Auggieversum“ 34
Ein Engel für Via 35
Ein Leben in „Krieg und Frieden“ 36
Willkommen in der Wirklichkeit 37
Durch „Zombie“ infiziert 38
Im nächsten Leben: gut aussehend 39
Nur ein „Willkommens-Kumpel“? 40
Reden hilft 41
Und täglich grüßt ein Mobber 42
so tickt justin 43

Seite 295 bis 334: Auggie durchlebt stürmische Zeiten

Inhalt und Vorschläge zur Unterrichtsgestaltung 44
Kopiervorlagen: Auggie bekommt was auf die Ohren 49
Auf welcher Seite stehst du eigentlich? 50
Goodbye, Daisy! 51

Seite 335 bis 353: Wir um Auggie, wir mit Auggie (2)

Inhalt und Vorschläge zur Unterrichtsgestaltung 52
Kopiervorlagen: Miracle-Miranda 55
Bühne frei für Via Pullman 56

Seite 355 bis 439: Auggie meistert sein Leben

Inhalt und Vorschläge zur Unterrichtsgestaltung 57
Kopiervorlagen: Jahrgangsfahrt mit Hindernissen 65
Jetzt kommt Bewegung in den Vorfall 66
Du bist nicht allein 67
Stille Stärke – große Wirkung 68

Kapitelübergreifende Arbeit

Vorschläge zur Unterrichtsgestaltung 69
Kopiervorlagen: Eine Geschichte, viele Erzähler 72
Auggies Heldenreise 73
Ein wundervolles Buch 74

Arbeit mit dem Film zum Buch

Vorschläge zur Unterrichtsgestaltung 75
Kopiervorlagen: Anders, aber sinnvoll? 78
Aus dem Reich der Fantasie 79
Ausgezeichnet! 80

www.hase-und-igel.de
Lektorat: Anna Schultes
Satz: Appel Grafik München GmbH
Illustrationen: Marc Robitzky

ISBN 978-3-86760-926-5
4. Auflage 2022

„Wunder“ – Das Buch im Unterricht

Das Buch

Wie fühlt es sich an, anders zu sein und nicht dazuzugehören? Während die Behindertenrechtskonvention der Vereinten Nationen aus dem Jahr 2008 „allen Menschen die uneingeschränkte Teilnahme an allen Aktivitäten“ und „ein gemeinsames Leben aller Menschen mit und ohne Behinderungen“ ermöglichen möchte, gibt es gerade im Bildungsbereich kritische Stimmen, die auf die Grenzen von Inklusion hinweisen.

Raquel J. Palacio zeigt in ihrem Roman „Wunder“ am Beispiel des Protagonisten August, welche Hürden ein Mensch mit Behinderung nehmen und welche Rückschläge er auf dem Weg des gemeinsamen Lernens erdulden muss. Trotzdem führen wundersame Begegnungen und Entwicklungen schließlich zu Integration und Inklusion. Die Autorin hat ein einfühlsam erzähltes und gleichzeitig humorvolles Buch über Menschlichkeit, Freundschaft, innere Werte, Stärken und Schwächen des Einzelnen sowie die Akzeptanz des eigenen Ichs – im privaten Rahmen und in der Öffentlichkeit – geschrieben.

Der zehnjährige August, genannt Auggie, ist ein kluger, witziger und sensibler Junge, der aufgrund eines Gendefekts mit einem entstellten Gesicht geboren wurde. Er befindet sich in einem scheinbar unlösbaren Spannungsverhältnis: Einerseits sehnt sich Auggie nach Normalität, andererseits erfährt er durch sein Äußeres Ablehnung und Ausgrenzung. Ein Anker ist seine Familie, die ihm Schutz gewährt und ihn anerkennt. Auggies Eltern sind sich jedoch bewusst, dass der familiäre Schonraum jegliche Integrationsversuche nur aufschiebt. Deshalb endet mit Beginn des fünften Schuljahrs der Hausunterricht und Auggie besucht erstmals eine öffentliche Schule. Von nun an steht der Junge vor der Herausforderung, sich unter Gleichaltrigen zu behaupten. In seinen Mitschülern Jack und Summer findet er Freunde. Vor allem Julian und seine Anhänger begegnen ihm hingegen feindselig. Den Höhepunkt markiert die jährliche Abschlussfahrt, bei der Auggie von Jugendlichen einer anderen Schule angegriffen und schließlich von früheren Widersachern verteidigt wird. Stück für Stück kehrt Normalität in sein Leben ein und der Junge fühlt sich angenommen.

Im Romanverlauf entwickeln sich nicht nur die vielseitigen Charaktere, sondern es verändert sich auch das Verständnis des Lesers für die Figuren und deren Handlungsmotive. Letzteres ist besonders durch den Perspektivwechsel in der Romanstruktur bedingt. Das Buch ist in acht Teile gegliedert: Drei werden von August erzählt, die anderen von seiner Schwester Via, seinen Freunden Summer und Jack, Vias Freund Justin und ihrer Freundin Miranda. Dadurch gelingt es, den Leser nicht nur an den Herausforderungen und Gefühlen der Hauptfigur August teilhaben zu lassen, sondern auch an denen seines Umfelds. Wir müssen also weniger Leerstellen im Denken und Handeln der Figuren füllen, dafür aber unsere Einstellung gegenüber den Emotionen und Handlungen der Figuren immer wieder korrigieren. Diese Sozialkompetenz ist nicht nur innerhalb des Deutschunterrichts bedeutsam. Insofern eignet sich der Roman hervorragend für einen fächerübergreifenden und fächerverbindenden Einsatz (z. B. Religion, Ethik, Englisch). Die leicht verständliche Sprache und der lockere Ton steigern die Lesemotivation. Die intensive Beschäftigung mit dem Text, den Figuren und den vielschichtigen Motiven und Themen aus der Lebenswelt der Jugendlichen leistet einen Beitrag für einen toleranten Umgang miteinander.

Der Roman erhielt 2014 den Preis der Jugendjury des Deutschen Jugendliteraturpreises. 2017 wurde er mit Julia Roberts und Owen Wilson in den Rollen von Augusts Eltern verfilmt.

Das Material

Im Mittelpunkt der Auseinandersetzung mit dem Roman steht der Verlauf des Schuljahrs, in dem die Hauptfigur zum ersten Mal am regulären Unterricht teilnimmt. Das Material unterstützt Sie dabei, mit Ihren Schülern Augusts persönliche Erfolge und Rückschläge herauszuarbeiten, zentrale Konfliktsituationen zu beleuchten und die zwischenmenschlichen Beziehungen zu untersuchen. Die verschiedenen Perspektiven, aus denen der Roman erzählt ist, ermöglichen eine detaillierte Analyse, wie August sich selbst sieht und wie er von anderen wahrgenommen und behandelt wird. Das Begleitmaterial enthält Kopiervorlagen zu den angesprochenen Punkten. Zusätzlich gibt es Arbeitsblätter zur kapitelübergreifenden und medienverbindenden Arbeit.

Die Kopiervorlagen sind vorwiegend für Schüler der Jahrgangsstufen 7 bis 9 konzipiert. Für den Einsatz in sechsten Klassen und für leistungsschwächere Schüler finden Sie zu ausgewählten Arbeitsblättern inhaltliche sowie methodische Differenzierungsvorschläge, die im Lehrerteil mit einem Stern (★) gekennzeichnet sind.

Anhand verschiedener Aufgabentypen, wie beispielsweise dem Ordnen von Handlungsschritten oder dem Vervollständigen von Sätzen, schulen die Jugendlichen ihre Lesekompetenz. Methoden wie das Kugellager unterstützen die Präsentation von Gesprächsergebnissen, Murmelgruppen fördern die engagierte Mitarbeit aller Schüler. Schreibaufträge wie innere Monologe, Dialoge oder Briefe ermöglichen es, sich intensiv mit zentralen Fragestellungen auseinanderzusetzen. Für eine aktive Schülerbeteiligung bietet dieses Begleitmaterial unter der Rubrik „Kreativ aktiv“ zahlreiche handlungs- und produktionsorientierte Gestaltungsaufträge, z. B. das Bauen eines Standbilds, das Durchführen eines szenischen Spiels oder einer Wahrnehmungsübung. Die Unterrichtsvorschläge sind als reichhaltiger Fundus konzipiert, aus dem Sie je nach Schwerpunktsetzung, Interesse und Kenntnisstand der Schüler auswählen können.

Das Material gliedert sich in sieben Einheiten. Die ersten fünf orientieren sich an den wechselnden Erzählperspektiven. Diese Abschnitte beinhalten jeweils eine Inhaltszusammenfassung zu den einzelnen Kapiteln. Darauf folgen didaktische Hinweise und Lösungen zu den Kopiervorlagen, Gesprächs- und Schreibanlässe sowie Vorschläge für eine kreative Beschäftigung mit anknüpfenden Themen und Fragestellungen. Direkt im Unterricht einsetzbare Kopiervorlagen schließen jede der sieben Einheiten ab. Die Arbeitsblätter aus dem sechsten Abschnitt beziehen sich auf den ganzen Roman. Für die Auseinandersetzung mit dem Film „Wunder“ finden Sie vielfältige Anregungen im letzten Abschnitt. Bedenken Sie dabei, dass am 1. März 2018 das novellierte Urheberrechts-Wissensgesellschafts-Gesetz (UrhWissG) in Kraft getreten ist, das die Nutzung urheberrechtlich geschützter Werke für Bildung und Forschung neu regelt.

Signets am oberen Seitenrand verdeutlichen den thematischen Schwerpunkt jeder Kopiervorlage:

Identität

Konflikte

Beziehungen

Der Roman als Ganzes

Medien

Bitte beachten Sie, dass wir uns in diesem Materialband zur sprachlichen Vereinfachung für die männlichen Schreibweisen „Leser“, „Schüler“ und „Lehrer“ entschieden haben. Selbstverständlich sprechen wir immer alle Geschlechter an.

Um Irritationen zu vermeiden, haben wir die Schreibweise „Mr.“ und „Mrs.“ aus dem Buch (12. Auflage 2018) übernommen, auch wenn laut „Duden“ der Punkt im Deutschen entfallen müsste.

Wertvolle Erkenntnisse und Anregungen durch die Beschäftigung mit dem Roman, der Verfilmung und dem vorliegenden Materialband wünschen Ihnen und Ihren Schülern

Tanja Kraus und Eva Riegger-Kuhn

Seite 7 bis 120: Auggie tastet sich vor

Inhalt

1. Teil: August

Normal (S. 9/10)
August stellt sich als unnormaler Junge vor, der sich ein unauffälliges Gesicht wünscht. Er weiß, dass er andere wegen seines Aussehens erschreckt. Selbst seine Familie hält ihn nicht für normal.

Warum ich nicht zur Schule gehe (S. 11–13)
In wenigen Tagen kommt August in die fünfte Klasse. Aufgrund zahlreicher Operationen und Erkrankungen hat er bislang nie eine Regelschule besucht. Seine Mutter unterrichtete ihn zu Hause. August hat einige Freunde, doch die haben in der Schule auch neue Freundschaften ohne ihn geschlossen.

Wie ich geboren wurde (S. 14–16)
August bezieht sich auf die Schilderung seiner Mutter und erzählt – mit viel Übertreibung – die Geschichte seiner Geburt. Acht Wochen vor seiner Geburt stellten die Ärzte „kleine Anomalien" in seinem Gesicht fest.

Bei Christopher (S. 17–19)
August berichtet, wie er während des Besuchs bei einem Freund davon erfahren hat, dass er auf eine Regelschule gehen soll. Auggie und sein Vater lehnen das Vorhaben seiner Mutter jedoch ab. Zwischen den Eltern entfacht eine Diskussion: Während der Vater ihn nicht zwingen möchte, solange er für eine Regelschule nicht bereit ist, befindet die Mutter den Schulbesuch für gut.

Die Fahrt (S. 20–26)
Auf der Heimfahrt diskutieren Auggies Eltern über den Schulbesuch. Auggie lehnt die Idee weiter ab. Als er hört, dass der Schulleiter Mr. Pomann heißt, wird er offener.

Mr. Pomann, bitte, Mr. Pomann! (S. 27–29)
Mr. Pomann empfängt Auggie und seine Mutter in der Schule. Der Schulleiter geht auf Augusts Stärken ein und ermuntert ihn zu einem Rundgang durch das Gebäude.

Die nette Mrs. Garcia (S. 30–32)
Mr. Pomann stellt Auggie die Schulsekretärin vor. Mrs. Garcia verspricht seiner Mutter, gut auf ihn aufzupassen. Auggie findet Mrs. Garcia sympathisch.

Jack Will, Julian und Charlotte (S. 33–39)
Auggie erschrickt, weil er vor Mr. Pomanns Büro Kinderstimmen hört. Er hat Angst davor, wie die Kinder auf ihn reagieren. Auggie möchte niemanden kennenlernen, aber Mr. Pomann spricht sehr wohlwollend von den Schülern. Er stellt August ein Mädchen und zwei Jungen vor, die ihn durch das Gebäude führen sollen.

Der Rundgang (S. 40–43)
Jack Will, Julian und Charlotte zeigen August die Räume der Schule. Julian provoziert ihn im Labor für Naturwissenschaften. Auggie lenkt das Gespräch um und erkundigt sich nach dem Begriff Homeroom.

Die Aula (S. 44–49)
Auggie interessiert sich für das Wahlfach Naturwissenschaft. Julian bezweifelt seine Eignung. Er spricht Auggie auf seine langen Haare und das deformierte Gesicht an. Der Junge nutzt seine Gelegenheit zur Gegenwehr und macht Julian auf einen Grammatikfehler aufmerksam. Daraufhin schneidet Julian Auggie den Weg ab, sodass dieser stolpert.

Das Signal (S. 50–52)
Auggie fühlt sich wegen Julian unwohl. Zurück im Büro des Schulleiters gibt er seiner Mutter zu verstehen, dass er gehen möchte. Mr. Pomann freut sich darauf, Auggie als Schüler zu haben.

Zu Hause (S. 53–55)
Zu Hause zieht sich Auggie traurig in sein Zimmer zurück. Er erzählt seiner Mutter, wie Julian ihn behandelt hat. Daraufhin lässt Mrs. Pullman ihm die Wahl, ob er zur Schule gehen möchte oder nicht. Auggie bekräftigt, dass er dies wolle.

Einschulungs-Schmetterlinge (S. 56–58)
In der Zwischenzeit haben die Eltern ihre Rollen getauscht: Auggies Mutter ist gegen den Schulbesuch, sein Vater befürwortet ihn. Gemeinsam mit seiner Schwester Via begleiten die Eltern ihren Sohn am ersten Schultag bis zum Haupteingang.

Schlösser (S. 59–64)
Auggie bemerkt, dass sich im Klassenzimmer niemand neben ihn setzen möchte. Dann nimmt Jack Will bei ihm Platz. Auf der anderen Seite baut Henry mit seinem Rucksack eine Barriere zwischen sich und Auggie auf.

Der Reihe nach (S. 65–67)
Die Lehrerin Miss Petosa fordert die Schüler auf, zwei Dinge zu ihrer Person zu sagen. Julian und Charlotte machen den Anfang.

Das Lamm auf der Schlachtbank (S. 68/69)
Bei der Vorstellungsrunde fühlt sich Auggie wie ein Lamm auf der Schlachtbank. Julian spricht Auggie auf seinen Zopf an und provoziert ihn abermals mit einer Frage zu einer entstellten „Star Wars"-Figur.

Wähle die Freundlichkeit (S. 70–75)
Mr. Browne möchte im Englischunterricht von seinen Schülern wissen, was eine Maxime ist. Das Erkennen des eigenen Selbst hält er für die wichtigste Regel. Der Lehrer kündigt an, jeden Monat eine Maxime vorzustellen. Für September gilt die Maxime, dass man sich bei der Wahl, recht zu behalten oder freundlich zu sein, für die Freundlichkeit entscheiden sollte.

Mittagspause (S. 76–78)
In der Cafeteria findet Auggie keinen Platz neben seinen Mitschülern, weil jeder etwas für seine Freunde frei hält. Daraufhin setzt er sich an einen leeren Tisch und spürt die Blicke der anderen. Er mag seine eigene Art zu essen nicht, da das Kauen sonderbar aussieht.

Der Sommer-Tisch (S. 79–82)
Summer nimmt bei August Platz und stellt fest, dass ihre Vornamen gut zusammenpassen. Sie machen ein Gedankenspiel, bei dem nur Leute mit Sommer-Namen an ihrem Tisch sitzen dürfen, entscheiden sich dann aber für Freundlichkeit als wichtigstes Kriterium.

Von eins bis zehn (S. 83–86)
Mrs. Pullman holt Auggie ab und möchte eine Bewertung des Schultags hören. Sie stellt Fragen zum Verhalten der Mitschüler, worauf Auggie verärgert reagiert. Als sich seine Mutter nach Summer erkundigt, erzählt er, dass er sie in der Mittagspause kennengelernt habe.

Padawan (S. 87–91)
Am Abend schneidet Auggie seinen Padawan-Zopf ab. Vor dem Schlafengehen liest seine Mutter ihm weiter aus dem Buch „Der kleine Hobbit" vor. Unvermittelt beginnt Auggie zu weinen und fragt, warum er so hässlich sein müsse. Mrs. Pullman versucht ihn zu trösten.

Da ist der Wookiee (S. 92–94)
Auggie gewöhnt sich nur schwer an den Schulalltag. Dass die anderen Kinder ihn anstarren, kann er nachvollziehen. Würde er einem Wookiee begegnen, ginge es ihm genauso.

Jack Will (S. 95–97)
Auggie und Jack Will verbringen die Zeit in der Schule überwiegend miteinander. Sie amüsieren sich über einen Schüler, der vor August erschrickt. Beide scherzen sogar über Auggies Gesicht.

Mr. Brownes Oktober-Maxime (S. 98/99)
Mr. Browne stellt seine neue Monatsmaxime vor. In einem Aufsatz reflektiert Auggie, dass Taten wichtiger sind als Worte und Aussehen.

Äpfel (S. 100–102)
Auggie möchte seinen Geburtstag auf der Bowlingbahn feiern. Er lädt viele Kinder ein, aber nur fünf sagen zu. Seine Mutter versucht, die Absagen der anderen zu entschuldigen. Auf Augusts Nachfrage erklärt Mrs. Pullman, dass Julians Mutter sich gar nicht gemeldet habe.

Halloween (S. 103–105)
Summer fragt Auggie nach seinem Halloween-Kostüm. Einige Mädchen aus ihrer Klasse tragen dieses Jahr kein Kostüm, da dies uncool sei. Summer verrät Auggie, dass sie gerne als Einhorn gehen würde. Von Auggie ermutigt, beschließt sie, sich zu verkleiden.

Schulfotos (S. 106)
Auggie möchte nicht fotografiert werden. Doch er kann nicht verhindern, dass er auf dem neuen Klassenfoto zu sehen ist.

Stinkekäse (S. 107–109)
Auggie bemerkt, dass seine Mitschüler ihn nicht berühren möchten. Er vergleicht sich mit dem Stinkekäse aus „Gregs Tagebuch". Die Kinder in der Geschichte haben Angst, Läuse zu bekommen, wenn sie den Käse anfassen.

Kostüme (S. 110–113)
Für Auggie ist Halloween der beste Feiertag, da er ein Kostüm und eine Maske tragen kann. Früher setzte er draußen immer einen Astronautenhelm auf, doch nach einer Augenoperation war der Helm eines Tages verschwunden. Auggie möchte sich dieses Jahr als Boba Fett verkleiden. Er erfährt, dass Julian plant, als Jango Fett zu gehen. Auggie entscheidet sich in letzter Minute um: Er zieht das Scream-Kostüm an.

Scream (S. 114–117)
Auggie entdeckt Julian als Darth Sidious. Da keiner mit Auggie in einer Scream-Kostümierung rechnet, kann er sich ihm unbemerkt nähern und sein Gespräch mit einer Mumie belauschen. Auggie erkennt Jack Will, der sich abfällig über ihn äußert. Julian bestärkt ihn, August zu ignorieren.

Namen (S. 118–120)
Auggie zieht sich auf die Toilette zurück und weint. Er klagt über Bauchschmerzen und lässt sich von seiner Mutter abholen. Zu Hause weigert sich Auggie, die Süßes-oder-Saures-Runde zu machen. Am nächsten Tag fehlt er in der Schule und will gar nicht mehr hin.

Unterrichtsschwerpunkte

- Gefühle wahrnehmen und kommunizieren
- Abfolgen und Vorgänge rekonstruieren
- Informationen wiedergeben
- Verhaltensweisen deuten und interpretieren

Zu den Kopiervorlagen

Abseits der Norm
Als Vorbereitung auf die Lektürearbeit und diese Kopiervorlage führen Sie den Gesprächsanlass „Ganz schnell woanders hinschauen" durch (siehe S. 10). Leiten Sie dann zum Arbeitsblatt über. Das Schaubild in Aufgabe 1 bildet die Verteilung der Gesellschaft in den westlichen Industriestaaten (USA und die Mehrzahl der europäischen Länder) ab, in der auch Auggie mit seiner Familie lebt. Die Schüler erkennen einerseits, dass viele Menschen die Mitte der Gesellschaft bilden, und andererseits, dass nur wenige am Rand der Gesellschaft stehen.

Welchen Platz der Protagonist August in der Gesellschaft einnimmt, arbeiten die Jugendlichen mithilfe des Romans heraus. Aufgabe 2 stellt August mit seiner zweigeteilten Selbstwahrnehmung in den Vordergrund, während Aufgabe 3 die Fremdwahrnehmung seines Umfelds aus Augusts Perspektive thematisiert. Die Frage, wo er selbst seinen Platz in der Gesellschaft sieht, lässt sich anhand der Zitate auf unterschiedliche Weise beantworten (vgl. Lösung zu Aufgabe 2).

Am Ende der Unterrichtsstunde erhalten die Schüler die Möglichkeit, ihre eigene Sichtweise auf August darzustellen. Eine Anregung zur Umsetzung finden Sie in der Rubrik „Kreativ aktiv" unter der Überschrift „Stummes Stimmungsbild" (siehe S. 12). Einen ergänzenden kreativen Unterrichtsbeitrag bietet Ihnen die Aufgabe „Was ich mir wünsche" (siehe S. 12).

Lösung
Aufgabe 1:
Rand der Gesellschaft: wenige Menschen
Mitte der Gesellschaft: viele Menschen
Rand der Gesellschaft: wenige Menschen

Aufgabe 2:
a) Mitte der Gesellschaft (weil August sich innerlich normal fühlt) oder Rand der Gesellschaft (weil er weiß, dass die anderen ihn nicht so sehen)
b) Rand der Gesellschaft
c) Rand der Gesellschaft
d) Mitte der Gesellschaft (weil er der Einzige ist, der sich als normal ansieht) oder Rand der Gesellschaft (weil alle anderen das nicht so sehen)

Aufgabe 3:
a) „Die Leute": „Ich kann so tun, als würde ich nicht merken, was die Leute für Gesichter machen." (S. 9)
b) Via: „Für Via bin ich nicht normal. [W]enn ich normal wäre, hätte sie nicht so sehr das Gefühl, mich beschützen zu müssen." (S. 10)
c) Eltern: „[...] Mom und Dad halten mich nicht für normal. Sie halten mich für etwas ganz Besonderes." (S. 10)

Autofahrt der Gefühle
Im Unterrichtseinstieg äußern die Schüler ihre Assoziationen zur Redewendung „sich wie ein Lamm zur Schlachtbank führen lassen", die Sie an der Tafel präsentieren. Auf diese Weise überprüfen Sie, ob der Sinngehalt erfasst wird. Leiten Sie danach auf das Arbeitsblatt über, das sich mit Auggies Gefühlswelt beschäftigt. Die Jugendlichen strukturieren den inhaltlichen Handlungsverlauf, bevor sie in einem zweiten Schritt Auggies Gefühlszustände reflektieren und benennen.

Verwenden Sie zum Abschluss den Gesprächsanlass „Lammfromm auf dem Weg zur Schlachtbank?", der noch einmal die eingangs genannte Redewendung aufgreift (siehe S. 10). Hier überprüfen die Schüler, inwieweit der angeführte Vergleich auf Auggie zutrifft.

★ Für die methodische Differenzierung schneiden Sie die Aussagen auf der Kopiervorlage aus. Präsentieren Sie diese z. B. mithilfe einer Auflichtkamera oder als Folienkopie über den Tageslichtprojektor. Die Schüler sortieren die Aussagen in der richtigen Reihenfolge. Dies erleichtert die Nummerierung auf dem Arbeitsblatt. Zum Lösen der folgenden Aufgabe geben Sie die zutreffenden Gefühle als Wortspeicher vor. Orientieren Sie sich dabei an der Lösung in der Tabelle auf Seite 8. Als visuelle Unterstützung bietet es sich an, dass die Schüler die Gefühle mit Mimik und Gestik zum besseren Verständnis darstellen. Verzichten Sie außerdem auf den Gesprächsanlass „Lammfromm auf dem Weg zur Schlachtbank?".

Lösung

4	Mom lächelte mich an. Ihr Lächeln kam mir irgendwie wie eine Umarmung vor. (S. 21)	z. B. Geborgenheit
9	[Ich] verschränkte meine Arme. (S. 23)	z. B. Ablehnung
2	[Ich] fing plötzlich an zu weinen. (S. 21)	z. B. Verzweiflung
6	Plötzlich fühlte es sich an, als stünden sie auf derselben Seite. (S. 22)	z. B. Ausgeschlossenheit
12	Ich lächelte, obwohl ich eigentlich nicht wollte, dass sie sahen, dass ich lächeln musste. (S. 24)	z. B. Trotz
5	[I]ch war ein wenig enttäuscht, dass [Dad] bei alldem mitgemacht hatte. (S. 21)	z. B. Enttäuschung
11	„Ich bin der einzige Neue, der so aussieht wie ich." (S. 23)	z. B. Angst
13	Ich fing an zu lachen, [...] weil ich einfach keine Lust mehr hatte, sauer zu sein. (S. 25)	z. B. Verdrängung
3	[Mom] drehte sich um und legte ihre Hand auf meine Hand. (S. 21)	z. B. Trost
7	[Mom] versuchte zu lächeln, aber als ich nicht zurücklächelte, drehte sie sich um und schaute wieder nach vorn. (S. 23)	z. B. Trotz
8	„Ich will nicht zur Schule gehen." (S. 23)	z. B. Verweigerung
10	„Vielleicht geh ich nächstes Jahr." (S. 23)	z. B. Abwehr
1	Und dann hörte ich, wie Mom und Dad über mich sprachen. (S. 20)	z. B. Neugier

KV Seite 16

Eine Chance für Auggie?

Mithilfe dieser Kopiervorlage rekonstruieren die Schüler die erste Begegnung zwischen Auggie und den von Mr. Pomann verpflichteten Mentoren Julian, Charlotte und Jack. In Aufgabe 1 beschäftigen sie sich mit dem Spannungsverhältnis zwischen den beteiligten Romanfiguren. Der Kompetenzschwerpunkt liegt in der Identifikation verschiedener Verhaltensweisen, die den verbalen Äußerungen zu entnehmen sind.

Da Auggie häufig Ablehnung erfährt, kann er sehr gut nachempfinden, wie es Mr. Pomann mit seinem Namen ergeht. Die alltäglichen Herausforderungen beider Figuren formulieren die Schüler in Aufgabe 2. Unter Berücksichtigung der Arbeitsergebnisse aus den Aufgaben 1 und 2 erläutern sie die Überschrift des Arbeitsblatts. Sie erkennen, dass Herausforderungen im Leben für die eigene Entwicklung notwendig sind.

Im Anschluss setzen sich die Schüler mit der Fragestellung auseinander, ob die Namen von Mr. Pomann und Auggie von Bedeutung sind. Sie finden den Arbeitsauftrag „Alles nur ‚Schall und Rauch'?" unter „Gesprächs- und Schreibanlässe" (siehe S. 11).

Lösung

Aufgabe 1:

a) Julian: Provokation / Verachtung
b) Charlotte: Schutz / Verteidigung
c) Julian: (Selbst-)Verteidigung
d) Jack Will: Schutz / Begrenzung
e) Jack Will: Ermutigung
f) Auggie: Gegenwehr / Revanche

Aufgabe 2:

z. B. Spott, Beleidigung, Rechtfertigung, Ablehnung

Aufgabe 3:

Die Schulhausführung bietet Auggie mehrere Chancen: Indem er sich mit Julian auseinandersetzt, lernt er, sich gegen Provokationen zu wehren. Dass Charlotte und Jack ihn verteidigen und ermutigen, stärkt sein Selbstvertrauen. Jedoch gelingt es Auggie nicht abschließend, sich gegen Julian durchzusetzen.

KV Seite 17

„Star Wars" schützt vor Angriff nicht

Beginnen Sie den Unterricht mit einem Blitzlicht. Die Schüler äußern sich in Kurzform zu dem Reizwort „Ich". Jeder nennt einen Aspekt, der ihn ausmacht oder ihm wichtig ist. Die Beiträge bleiben unkommentiert. Im Roman hingegen bieten die Aspekte aus der Schülervorstellungsrunde Angriffspunkte für Auggies Mitschüler (Aufgabe 1a). Dinge, die einem wichtig sind, machen verletzbar. Diese Situation nutzt Julian aus, indem er Auggie zuerst auf seinen Padawan-Zopf anspricht (Aufgabe 1b), ihn aber anschließend mit Darth Sidious vergleicht. In Aufgabe 2 sammeln die Schüler anhand des Textes Augusts äußere Merkmale. Da er nur von seiner

Schwester Via ausführlich beschrieben wird, kann an dieser Stelle auf den zweiten Teil des Romans vorgegriffen werden.

Da Julian sich äußerst unfreundlich gibt, bietet es sich an, Mr. Brownes September-Maxime zu thematisieren. Verwenden Sie hierzu den Schreibanlass „Wenn du die Wahl hast“ (siehe S. 11). Für eine kreative Auseinandersetzung mit den Maximen finden Sie in der Rubrik „Kreativ aktiv“ den weiterführenden Arbeitsauftrag „Und welche Maxime wählst du?“ (siehe S. 12).

★ Die vorliegende Kopiervorlage fordert einen umfangreichen Leseprozess. Um leseschwächere Schüler zu unterstützen, können Sie die erforderlichen Textstellen vorlesen (S. 65 – 69 und 133 f.). Gleichzeitig fördern Sie auf diese Weise die Zuhörkompetenz und Merkfähigkeit. Der Schreibanlass „Wenn du die Wahl hast“ eignet sich für alle.

Lösung

Aufgabe 1:

a)

- Julian: „Ich habe ein Spiel für die Wii und eine Tischtennisplatte.“
- Charlotte: „Ich habe zwei Schwestern und einen Hundewelpen.“
- Auggie: „Ich habe eine Schwester und eine Hündin namens Daisy.“

b) Rückfrage zu Auggies Padawan-Zopf
Frage nach Lieblingsfigur Jango Fett
Nachfrage zu Darth Sidious

Aufgabe 2:

Padawan-Zopf, Augen sitzen zu weit unten und erinnern an diagonale Schlitze, linkes Auge ist tiefer als das rechte, obere Augenlider halb geschlossen, untere Lider hängen, keine Augenbrauen und Wimpern, große und fleischige Nase, Kopf seitlich eingefallen, keine Wangenknochen, tiefe Falten um den Mund, gezackte Scharte, obere Zähne sind klein und stehen ab, Überbiss und unterentwickelter Kiefer, winziges Kinn, winzige Ohren

KV Seite 18

„Sommer-Tisch“ und „Padawan“

Diese Kopiervorlage bezieht sich ebenfalls auf den ersten Schultag. Zunächst verfolgen die Schüler in Aufgabe 1 die Struktur der Begegnung mit Summer in der Mittagspause nach. Durch diesen Prozess schulen sie exemplarisch ihre Wahrnehmung für besondere Annäherungstaktiken, die dazu beitragen, Außenstehende zu integrieren. Bevor sich die Schüler mit dem „Padawan-Zopf“ beschäftigen, bietet sich das Kommunikationsspiel „Stammtisch“ aus der Rubrik „Kreativ aktiv“ (siehe S. 12) zur Bearbeitung an.

Aufgabe 2 widmet sich den Geschehnissen im Hause Pullman, nachdem Auggie von der Schule zurück ist. Er zieht eine Konsequenz aus dem Erlebten: Er schneidet sich seinen Padawan-Zopf ab. Diese Tat weist auf ihrer Bedeutungsebene eine Analogie zur entsprechenden „Star Wars“-Zeremonie auf, die die Schüler anhand eines kurzen Informationstextes erschließen. Gehen Sie gegebenenfalls darauf ein, dass die Szene auch anders gedeutet werden kann: Auggie bezweckt damit, Julian bzw. anderen Mitschülern diese Angriffsfläche zu nehmen. Seine Familienmitglieder reagieren sehr unterschiedlich auf die Trennung von seinem Zopf. Das erkennen die Jugendlichen in Aufgabe 2b.

Lösung

Aufgabe 1:

a) Vorstellen, Begrüßen, Kennenlernen
b) Gemeinsamkeit finden
c) Gemeinsamkeit durch den Ausschluss anderer betonen
d) Zugeständnisse machen
e) sich öffnen für alle Interessierten

Aufgabe 2:

a) Auggie hat den Tag trotz mehrerer „Angriffe“ und dank Summer gut überstanden. Da er seine Prüfung gemeistert hat, schneidet er sich den Zopf ab.

b) Dad: erfreut (S. 87)
Via: fassungslos, entsetzt, wütend (S. 87)
Mom: eher gleichgültig (S. 89)

KV Seite 19

Tarnen und Täuschen

Der Gesprächsanlass „Mein Kostüm – mein Charakter?!“ eröffnet die Unterrichtsstunde (siehe S. 11). Danach befassen sich die Schüler mit dem Arbeitsblatt. Aufgabe 1 ist als Rätsel konzipiert, das sie mithilfe des Romans lösen. Daraus leiten sie eine Entwicklung in der Kostümauswahl ab. Diese Erkenntnis unterstützt die

Schüler bei Aufgabe 2, sich in Auggies Situation hineinzuversetzen. Zur Bearbeitung von Aufgabe 3 verweisen Sie in Anlehnung an den Unterrichtseinstieg darauf, dass Kostüme über unsere Identität hinwegtäuschen. Sie ermöglichen es, in eine beliebige Rolle zu schlüpfen und andere in die Irre zu führen.

Im Anschluss an die Kopiervorlage entwickeln die Schüler ein szenisches Spiel. Den Arbeitsauftrag „Was wäre gewesen, wenn …?“ finden Sie in der Rubrik „Kreativ aktiv“ (siehe S. 13).

Lösung

Aufgabe 1:

Beschreibung	Kostüm	Nr.
Teilnehmer an einer Expedition in den Weltraum	Astronaut	5
Tiger aus „Winnie Puuh“	Tigger	2
Gegenspieler von Peter Pan	Captain Hook	4
Jedi-Meister mit gutem diplomatischem Geschick	Obi-Wan Kenobi	6
Tötete im Auftrag von Darth Sidious Hunderte Jedi und Padawane.	Darth Vader	8
Maskenmörder	Mörder aus „Scream“	9
Kind, das niemals erwachsen wird	Peter Pan	3
Wird als Gemüse gekocht, gebraten oder gebacken.	Kürbis	1
Kopfgeldjäger und Klon von Jango Fett (geplant)	Boba Fett	10
Soldat aus dem Erbgut des Klonkriegers Jango Fett	Klonkrieger	7

Tendenz: von niedlichen, fröhlichen Verkleidungen hin zu Kriegern und Kämpfern

Aufgabe 2:

„Niemand findet, dass ich komisch aussehe.“
„Niemand schaut zweimal hin.“
„Niemandem falle ich auf.“
„Niemand kennt mich.“

Aufgabe 3:

Auggie täuscht: Er bleibt unerkannt, weil es mehrere Scream-Verkleidungen gibt und seine Mitschüler ihn nicht hinter diesem Kostüm vermuten.
Julian und Jack Will werden getäuscht: Beide rechnen mit Auggie in einem anderen Kostüm.

Gesprächs- und Schreibanlässe

Ganz schnell woanders hinschauen

Wenn August die Straße entlanggeht, nimmt er das „Ganz-schnell-woanders-Hinschauen“ (S. 9) der anderen wahr. Auch außerhalb des Romans widerfährt vielen Menschen dieses Phänomen. Lassen Sie deshalb die Schüler mithilfe des Gesprächsanlasses von solchen oder ähnlichen Situationen aus ihrer Lebenswirklichkeit berichten. In einem weiteren Schritt erklären sie, wie diese Reaktionen ihrer Ansicht nach entstehen. Die unten aufgeführten Frageimpulse tragen dazu bei, Assoziationen bei den Schülern zu wecken.

Arbeitsauftrag:
Stell dir folgende Situation vor: Du siehst auf der Straße einen Menschen, der nicht deinen Erwartungen entspricht. Ganz schnell schaust du woanders hin.

Frageimpulse:

- Bei welchen Personengruppen oder in welchen Situationen hast du ein „Ganz-schnell-woanders-Hinschauen“ bei dir und / oder anderen beobachtet?
  (z. B. Bettler, Zeitschriftenverkäufer, Menschen mit körperlichen und / oder geistigen Behinderungen, Fahrgäste ohne Fahrschein, Partygäste, Straßenmusiker, Infostände von Hilfsorganisationen und Parteien, Missgeschicke, peinliche / lustige Situationen, Diebstahl, Raub, physische und / oder psychische Gewalt, Alkoholkonsum, Unfälle)
- Wie erklärst du dir dieses Verhalten?
  (z. B. Hilflosigkeit, fehlende Handlungsstrategien im Umgang mit den Betroffenen, Angst (vor den Reaktionen anderer, vor Ablehnung, vor Forderungen, vor Unterstützungsbedarf), Mitleid, Scham, Unsicherheit, Überraschung, Desinteresse, Unwissen, negative Erfahrungen, Ekel)

Lammfromm auf dem Weg zur Schlachtbank?

Die Redewendung „sich wie ein Lamm zur Schlachtbank führen lassen“ entstammt der Bibel (Jesaja 53,7). Ihre Bedeutung umfasst drei Wesenszüge des Lammes: a) Es leistet keine Gegenwehr, b) es ist geduldig, c) es fügt sich gottergeben seinem Schicksal. Die Schüler setzen die Kennzeichen in Bezug zu Auggies Verhalten und Gefühlen. Teilen Sie sie dazu in drei Gruppen ein. Jede Gruppe beschäftigt sich mit einem der oben genannten Aspekte. Vergeben Sie bei Bedarf die Themen doppelt.

Arbeitsauftrag:
Nate Pullman sagt: „Aber ihn zur Middle School zu schicken wie das Lamm zur Schlachtbank ..." (S. 20) Überprüft anhand eurer Ergebnisse auf dem Arbeitsblatt und der Seiten 20 bis 26 im Roman, ob Auggie mit dem Lamm verglichen werden kann. Begründet eure Entscheidung. Warum verwendet der Vater das Bibelzitat?

Lösungsvorschlag:
a) Es leistet keine Gegenwehr: Trifft auf Auggie nicht zu, da die Emotionen seine Ablehnung widerspiegeln und er seine Ablehnung äußert (S. 23/24).
b) Es ist geduldig: An sich ist Auggie ungeduldig. Er würde sich „verrückt" machen, hätte er von den Absichten seiner Eltern gewusst (S. 22). Er zeigt jedoch Geduld, da er sich auf den Vorschlag einlässt, Mr. Pomann kennenzulernen und die Entscheidung zum Schulbesuch zu vertagen.
c) Es fügt sich gottergeben seinem Schicksal: Lässt sich nicht abschließend beantworten, da die Entscheidung für oder gegen den Schulbesuch noch aussteht. Auggie soll zunächst den Schulleiter kennenlernen (S. 24). Aber es zeichnet sich schon bei der Diskussion im Auto ab, dass Auggie sich nicht „gottergeben" fügen wird.

Der Vater sieht folgende Gefahren auf Auggie zukommen:
- Auggie weiß nicht, welchen Anfeindungen er ausgesetzt sein wird.
- Auggie weiß nicht, wie er mit der Ablehnung umgehen kann. Bisher war er durch sein häusliches Umfeld beschützt.
- Auggie weiß nicht, mit welcher Unterstützung er in der Schule rechnen kann.

Alles nur „Schall und Rauch"?
Ausgehend von der Redensart, dass der „Name [...] Schall und Rauch" (Goethe, „Faust I", Kapitel 19, Marthens Garten) und damit bedeutungslos sei, betrachten die Schüler die Namen von Mr. Pomann und Auggie näher. Geben Sie die Bedeutung der Redensart sowie die Namensbedeutung von August (der Erhabene, der Heilige, der Ehrwürdige) vor. In leistungsstarken Lerngruppen können Sie mit Goethes Zitat beginnen und die Schüler den Kern der Aussage erläutern lassen. Als Hausaufgabe können die Jugendlichen den Arbeitsauftrag um ihren eigenen Namen ergänzen.

Arbeitsauftrag:
Sind die folgenden Namen bedeutungslos? Entscheide dich und ergänze die Satzanfänge:
- Der Name „Mr. Pomann" ist/ist nicht bedeutungslos, weil ...
- Der Name „August" ist/ist nicht bedeutungslos, weil ...

Lösungsvorschlag:
- Der Name „Mr. Pomann" ist bedeutungslos, weil der Name nicht mit dem Charakter übereinstimmt./Der Name „Mr. Pomann" ist nicht bedeutungslos, weil er für Erheiterung (S. 24 ff.) sorgt und zu Diffamierung verleitet (S. 34). Dies hat den Inhaber des Namens geprägt.
- Der Name „August" ist bedeutungslos, weil er durch die Verniedlichung „Auggie" in seiner Bedeutung eingeschränkt wird./Der Name „August" ist nicht bedeutungslos, weil er von seinen Eltern wie ein „Heiliger" behandelt wird.

Wenn du die Wahl hast
Mr. Brownes September-Maxime lautet: „Wenn du die Wahl hast, ob du recht behalten oder freundlich sein sollst, wähle die Freundlichkeit." (S. 74)

Arbeitsauftrag:
Überlege dir eine Situation aus deinem Leben, in der du entscheiden musstest, ob du recht behalten oder freundlich sein solltest, und die Freundlichkeit gewählt hast. Welche Gründe waren ausschlaggebend für deine Entscheidung? Schreibe eine Liste mit mindestens drei Gründen, warum es sich lohnt, freundlich zu sein. Sortiere die Motive nach ihrer Wichtigkeit. Beginne mit dem wichtigsten.

Mein Kostüm – mein Charakter?!
Als Einstieg eignet sich ein Bildimpuls. Wählen Sie hierzu drei Bilder von kostümierten Kindern (z. B. Clown, Prinzessin, Pirat) über eine Suchmaschine im Internet. Präsentieren Sie diese einzeln nacheinander. Stellen Sie dazu folgende Fragen: Wie wirkt das Kind im Kostüm auf dich? Welchen Charakter vermutest du? (z. B. Clown: lustig/gemütlich, Prinzessin: brav/hochnäsig, Pirat: mutig/kämpferisch)

In einem weiteren Schritt argumentieren die Schüler, inwiefern sich das eigene Verhalten in verkleidetem Zustand verändert. Dabei können sie sich an ihre eigenen Karnevalskostüme erinnern und ihre Erfahrungen in das Unterrichtsgespräch einfließen lassen. Worin liegt der Reiz einer Verkleidung? Leiten Sie danach zur Kopiervorlage „Tarnen und Täuschen" über (siehe S. 19).

Kreativ aktiv

Stummes Stimmungsbild

Die Schüler verorten ihre eigene Meinung zu Auggie mithilfe der Parabel (siehe Kopiervorlage „Abseits der Norm“, S. 14). Stellen Sie hierzu unterstützend die Frage: „An welcher Stelle der Gesellschaft siehst du Auggie?“ Wählen Sie entsprechend der medialen Ausstattung an Ihrer Schule zwischen den Varianten 1 und 2.

- Variante 1: Zeichnen Sie an der Tafel eine Parabel, die sich an der Kopiervorlage orientiert. Jeder Schüler erhält einen Magneten und visualisiert seine Meinung an der Tafel. Halten Sie die Ergebnisse in einem Fotoprotokoll fest. Falls Sie das Stimmungsbild nach Abschluss der Lektüre wiederholen (siehe Vorschlag auf S. 71), können Sie so die Veränderungen sichtbar machen.
- Variante 2: Präsentieren Sie eine Parabel über eine Auflicht-/Dokumentenkamera. Jeder Schüler bezieht Position und macht seine Sichtweise mithilfe eines Klebepunkts auf der Übersicht kenntlich.

Was ich mir wünsche

Wenn August eine Wunderlampe finden würde und einen Wunsch frei hätte, würde er sich ein Gesicht wünschen, mit dem er nicht auffällt. In Anlehnung an die Märchenfigur Aladin, in dessen Wunderlampe ein Geist die Wünsche seines Besitzers erfüllt, gestalten die Schüler eine eigene Wunderlampe mit einem für sie bedeutsamen Wunsch. Der mit der Lampe bzw. dem Licht oder Feuer verknüpfte dienende Geist übernimmt dabei das Erfüllen des Wunsches. Die Schüler gestalten ihre Wunderlampe nach eigener Vorstellung als Collage, Lampenschirm, Zeichnung oder als Origami.

Die entstandenen Produkte können anschließend im Klassenzimmer ausgestellt und in Anlehnung an die Methode „Gallery Walk“ („Galerierundgang“) betrachtet und ausgewertet werden. Ergänzend können die Schüler ihren Gallery Walk mit Fotos und aussagekräftigen Statements dokumentieren und auf der Schulhomepage veröffentlichen. Dabei kann das Thema „Was ich mir wünsche“ unabhängig von oder im Zusammenhang mit der Lektürearbeit präsentiert werden.

Der Gallery Walk
Der Gallery Walk ist ursprünglich eine Methode zur Sicherung von Ergebnissen nach einer Gruppenarbeit. Sie kann aber auch in adaptierter Form nach einer Einzelarbeitsphase durchgeführt werden: Die Schüler befestigen ihre Ergebnisse an der Wand des Klassenzimmers oder präsentieren sie in einer Vitrine bzw. einem Regal (Gallery). In einem Rundgang (Walk) verschaffen sie sich einen Überblick. Danach werden Kleingruppen gebildet. Die Gruppenmitglieder stellen ihre Arbeiten vor, beantworten Fragen dazu oder werfen Fragen für eine vertiefende Auseinandersetzung auf.

Und welche Maxime wählst du?

Die Schüler formulieren passend zum aktuellen Monat eine Maxime. Ausgangspunkt für die Überlegungen sind bedeutsame Situationen und/oder Personen im Leben der Jugendlichen. Geben Sie bei Bedarf thematische Schwerpunkte an (z.B. Schule, Freunde, Familie, Tiere, Ernährung, Glaube, Berufswahl, Freizeit/Hobby, Geborgenheit, Verbundenheit, Identität, Kraft). Zudem können sich die Schüler durch die im Anhang des Romans genannten Maximen inspirieren lassen (S. 441–444). Die Gestaltung der Maximen erfolgt auf verschiedenen Untergründen (z.B. Glas, Holz, Porzellan, Papier), die Sie zur Verfügung stellen oder die Schüler selbst mitbringen lassen.

Arbeitsaufträge:

- Formuliere eine zu diesem Monat passende Maxime.
- Beschreibe, welche Bedeutung die Maxime für dich hat.
- Wählt Sprüche aus, die sich an Auggie richten könnten.

Stammtisch

In diesem Spiel trainieren die Schüler ihre kommunikativen Fähigkeiten und erweitern gleichzeitig ihre Sozialkompetenz. An einem Stammtisch treffen sich Menschen, die über ein gemeinsames Thema miteinander verbunden sind. In Anlehnung an den „Sommer-Tisch“ finden sich die Schüler aufgrund von Gemeinsamkeiten an sogenannten Stammtischen eigenständig zusammen. Geben Sie Kategorien vor, die als Entscheidungshilfe dienen (z.B. Herkunftsland, Muttersprache, Anfangsbuchstaben des Vornamens, Hobby, Haarfarbe, Augenfarbe, Lieblingsfarbe, Haustier). Dabei bemerken die Jugendlichen, dass sie auch Gemeinsamkeiten mit Klassenkameraden haben, die vielleicht nicht zu ihrem engeren Freundeskreis gehören. Zusammen finden sie einen Namen für ihren Stammtisch.

Danach versuchen die Schüler, Gruppenmitglieder der anderen Stammtische abzuwerben. Sie formulieren, warum sie jemanden an ihrem Tisch aufnehmen würden. Gelingt es ihnen, den betreffenden Schüler zu überzeugen, wechselt dieser den Tisch. Seine alte Gruppe verfährt nach dem gleichen Prinzip, bis alle Stammtische verändert wurden.

Was wäre gewesen, wenn ...?
Auggie ist verletzt, als er hört, was seine verkleideten Klassenkameraden über ihn sagen. Weil er aus der Situation flüchtet, stellt er seine Widersacher nicht zur Rede und weiß auch nicht, wie die Begegnung ausgegangen wäre.

Arbeitsaufträge:
- Bildet Viergruppen. Stellt euch vor, Auggie wäre im Klassenzimmer geblieben. Was wäre dann wohl passiert?
- Schreibt den Schluss des Kapitels „Scream“ ab Julians Aussage „Lass ihn einfach links liegen“ (S. 116) um.
- Präsentiert euer Ergebnis als szenisches Spiel in der Klasse.

Abseits der Norm

August denkt darüber nach, wer er ist und wie andere ihn sehen.

1. Das Schaubild stellt die Verteilung der Gesellschaft dar. Trage passende Mengenbegriffe ein.

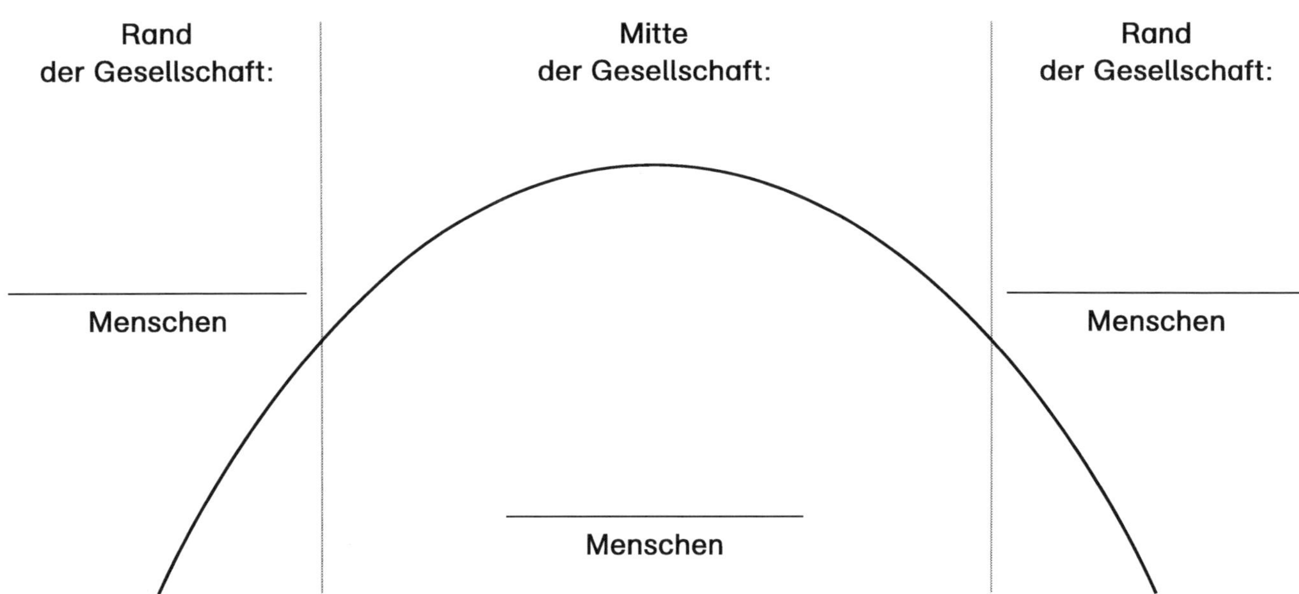

2. August denkt über seinen Platz in der Gesellschaft nach. Ordne die Zitate zu, indem du die Buchstaben a bis d in Grün auf der Parabel in Aufgabe 1 notierst.

a) „Und ich fühl mich normal. Innerlich." (S. 9)

b) „Wenn ich […] einen Wunsch frei hätte, würde ich mir wünschen, ein normales Gesicht zu haben, das nie jemandem auffallen würde." (S. 9)

c) „Der einzige Grund dafür, dass ich nicht normal bin, ist der, dass mich niemand so sieht." (S. 9)

d) „Ich glaube, der einzige Mensch auf der Welt, der merkt, wie normal ich wirklich bin, bin ich." (S. 10)

3. August denkt darüber nach, welchen Platz die Menschen in seinem Umfeld ihm zuordnen. Finde passende Textbelege zu den angegebenen Personen (S. 9 / 10).

a) „Die Leute": ______________________________

____

b) Via: ______________________________

____

c) Eltern: ______________________________

____

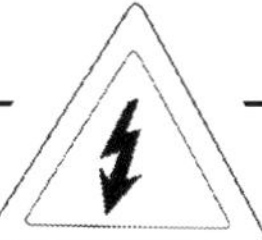

Autofahrt der Gefühle

Auggie soll eine öffentliche Schule besuchen. Er ist von den Plänen seiner Eltern wenig begeistert (S. 20–26).

Wie entwickelt sich Auggies Gefühlslage während der Autofahrt?

a) Bringe Auggies Äußerungen in die richtige Reihenfolge (Nummer 1 bis 13).
b) Ordne jeder Aussage ein passendes Gefühl zu.

Nr.	Auggies Äußerungen	Gefühl
◯	Mom lächelte mich an. Ihr Lächeln kam mir irgendwie wie eine Umarmung vor.	______
◯	[Ich] verschränkte meine Arme.	______
◯	[Ich] fing plötzlich an zu weinen.	______
◯	Plötzlich fühlte es sich an, als stünden sie auf derselben Seite.	______
◯	Ich lächelte, obwohl ich eigentlich nicht wollte, dass sie sahen, dass ich lächeln musste.	______
◯	[I]ch war ein wenig enttäuscht, dass [Dad] bei alldem mitgemacht hatte.	______
◯	„Ich bin der einzige Neue, der so aussieht wie ich."	______
◯	Ich fing an zu lachen, […] weil ich einfach keine Lust mehr hatte, sauer zu sein.	______
◯	[Mom] drehte sich um und legte ihre Hand auf meine Hand.	______
◯	[Mom] versuchte zu lächeln, aber als ich nicht zurücklächelte, drehte sie sich um und schaute wieder nach vorn.	______
◯	„Ich will nicht zur Schule gehen."	______
◯	„Vielleicht geh ich nächstes Jahr."	______
◯	Und dann hörte ich, wie Mom und Dad über mich sprachen.	______

Eine Chance für Auggie?

Während des Rundgangs durch die Schule kommen Julian, Charlotte und Jack Will mit August ins Gespräch. Dabei zeigt sich: Julian verhält sich feindselig.

1. Beschreibe das Verhalten der Figuren mithilfe der Zitate. Verwende passende Oberbegriffe.

Beecher Prep Middle School

a) Julian: „Warum sind deine Haare so lang?" / „Was ist das mit deinem Gesicht?" (S. 47) ______________________

b) Charlotte: „Julian, das ist unhöflich!" (S. 47) ______________________

c) Julian: „Ich stelle bloß ne Frage." (S. 47) ______________________

d) Jack Will: „Mann, Julian. Halt einfach die Klappe." (S. 47) ______________________

e) Jack Will: „Julian ist ein Vollidiot. Aber, Mann, du musst auch echt mal reden." (S. 48) ______________________

f) Auggie: „Es heißt übrigens aller Wahrscheinlichkeit *nach*." (S. 48) ______________________

2. Lies das Zitat und nenne vier Herausforderungen, mit denen Mr. Pomann und Auggie beide in ihrem Alltag konfrontiert sind.

„‚Machen wir uns nichts vor, mit einem Namen wie dem meinen lebt es sich nicht so leicht. Du weißt, was ich meine?' [I]ch wusste genau, was er meinte." (S. 34)

____

____

____

3. Bewertet die Überschrift des Arbeitsblatts auf der Basis der gewonnenen Erkenntnisse.

„Star Wars“ schützt vor Angriff nicht

In einer Vorstellungsrunde nennen die Schüler zwei wichtige Aspekte, die die anderen über sie wissen sollen.

1. Ergänze die Vorstellungsrunde mithilfe des Romans (S. 65 – 69).

a) Schreibe die Aussagen der Figuren in die Sprechblasen.
b) Rekonstruiere, wie Julian Auggies Vorliebe für „Star Wars“ nutzt, um ihn zu demütigen.

Rückfrage zu ______________________________

Frage nach Lieblingsfigur ______________________________

Nachfrage zu ______________________________

2. Julian verletzt Auggie, indem er ihn mit Darth Sidious vergleicht. Beschreibe in Stichworten, wie August aussieht. Lies dazu die Seiten 68 / 69 und 133 / 134.

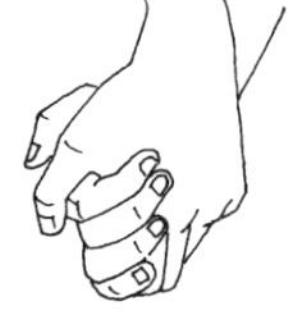

„Sommer-Tisch“ und „Padawan“

In der Mittagspause lernt Auggie Summer kennen. Sie sorgt für ein positives Erlebnis. Gleichzeitig führt der erste Schultag dazu, dass Auggie sich äußerlich verändert.

1. Summer schafft es, dass Auggie sich als Teil der Schulgemeinschaft fühlen kann. Beschreibe Summers Vorgehensweise mithilfe der Zitate in Stichworten.

a) „Ich heiße übrigens Summer. Wie heißt du?“ (S. 79)

b) „Hey, unsere Namen passen gut zusammen.“ (S. 80)

c) „Nur Leute mit Sommer-Namen dürfen hier sitzen.“ (S. 80)

d) „Das wäre Mai, und das ist ja eigentlich Frühling, aber wenn sie gern hier sitzen würde, könnten wir vielleicht eine Ausnahme machen.“ (S. 80)

e) „Aber wenn jemand keinen Sommer-Namen hat und bei uns sitzen will, erlauben wir es ihm trotzdem, wenn er nett ist, okay?“ (S. 81)

Teil der Schulgemeinschaft

2. Nach dem ersten Schultag trennt sich Auggie von seinem Padawan-Zopf (S. 87–89).

a) Erkläre seinen Entschluss mithilfe des folgenden Textes und der Ereignisse in der Schule.

Ein Padawan muss verschiedene Gefahren bestehen, um zum Jedi-Ritter geschlagen zu werden. Jedi-Ritter gelten als Kämpfer und Helden. Wenn der Padawan all seine Prüfungen bestanden hat, wird ihm der Lehrlingszopf in einer Zeremonie abgeschlagen. (Quelle: *www.jedipedia.wikia.com*)

b) Wie reagieren die Familienmitglieder? Finde passende Adjektive.

Dad: ______

Via: ______

Mom: ______

Tarnen und Täuschen

Für Auggie „ist Halloween der beste Feiertag der Welt“ (S. 110). Er kann ein Kostüm anziehen und eine Maske tragen.

1. Vervollständige mithilfe der Beschreibungen Auggies Kostüme aus den vergangenen Jahren und nummeriere sie in ihrer zeitlichen Reihenfolge von 1 bis 10. Welche Tendenz stellst du fest?

Beschreibung	Kostüm	Nr.
Teilnehmer an einer Expedition in den Weltraum		
Tiger aus „Winnie Puuh“		
Gegenspieler von Peter Pan		
Jedi-Meister mit gutem diplomatischem Geschick		
Tötete im Auftrag von Darth Sidious Hunderte Jedi und Padawane.		
Maskenmörder		
Kind, das niemals erwachsen wird		
Wird als Gemüse gekocht, gebraten oder gebacken.		
Kopfgeldjäger und Klon von Jango Fett (geplant)		
Soldat aus dem Erbgut des Klonkriegers Jango Fett		

Tendenz: ______________________________

2. Ergänze vier Vorteile, die sich aus Auggies Tarnung ergeben (S. 110).

3. Erkläre, inwiefern das Scream-Kostüm zur Täuschung beiträgt.

Auggie täuscht: ______________________________

____

Julian und Jack Will werden getäuscht: ______________________________

____

Seite 121 bis 293: Wir um Auggie, wir mit Auggie (1)

Inhalt

2. Teil: Via

Ein Flug durch die Galaxie (S. 123 – 125)
Via ordnet ihre Familie in ein Planetensystem ein. Sie weiß, dass ihr Bruder als „Sonne" im Mittelpunkt steht, und hat Verständnis dafür. Um ihre Eltern zu entlasten, meistert sie ihren Alltag weitgehend selbstständig. Via stellt fest, dass sich die bisherige Konstellation nun aber verschiebt.

Vor August (S. 126 / 127)
Via kann sich nicht mehr an ihr Leben vor August erinnern. Als sie ihn nach der Geburt das erste Mal sah, reagierte sie zurückhaltend. Augusts Gesicht war anders als das ihrer Puppe.

August zu sehen (S. 128 – 132)
Rückblickend schildert Via die empfundene Freiheit, die sie bei einem mehrwöchigen Aufenthalt bei ihrer Großmutter erlebt hat. Als sie zurückkehrte, empfand sie für einen Moment ähnliche Gefühle beim Anblick ihres Bruders wie die Leute, die August zum ersten Mal sehen. Zwei Monate später starb die Großmutter. Via erinnert sich daran, dass sie für ihre Oma die „Nummer eins" war.

August, durchs Guckloch gesehen (S. 133 – 136)
Via beschreibt Augusts Erscheinungsbild. Sie fragt sich, ob August selbst sieht, wie ihn andere Menschen wahrnehmen. Die Operationen haben Auggie mehr Autonomie ermöglicht. Dennoch dreht sich alles um seine Bedürfnisse. Via stellt fest, dass Auggie mit der Unterstützung seines Umfelds erwachsen werden muss.

Highschool (S. 137 – 139)
In der Schule tritt Via als Olivia Pullman auf. Dort wissen die meisten nichts von ihrem Bruder. Das ist ihr recht, denn für die anderen wird sie immer Augusts Schwester sein. Via möchte nicht auf ihren Bruder mit dem Geburtsfehler reduziert werden. Nur ihre Freudinnen kennen Via schon lange. Sie beklagt, dass der gemeinsame Besuch der Highschool anders ist als gedacht.

Major Tom (S. 140 – 142)
Vias Freundin Miranda hat sich immer um August gekümmert, ihrem „Major Tom" einen Astronautenhelm geschenkt und mit ihm gesungen. In diesem Jahr sehen sich die beiden Mädchen erst in der Schule wieder. Via bemerkt Veränderungen und spürt, dass Miranda und Ella sie ausschließen.

Nach der Schule (S. 143 – 145)
Vias Mutter erkundigt sich nach dem ersten Schultag, doch Via leitet nach wenigen Informationen zu Auggie über. Ihre Nachfrage führt zu einem Streit, worauf Via den Raum verlässt und ihren Bruder direkt auf seinen Tag anspricht.

Der Padawan beißt ins Gras (S. 146 – 148)
Via ist wütend, dass sich Auggie seinen Padawan-Zopf abgeschnitten hat. Ihrem Vater erzählt Via schließlich von ihrem Tag und den Veränderungen ihrer Freundinnen. Schließlich bittet ihr Vater sie um Verständnis für ihre Mutter, die sich Sorgen um Auggie macht.

Ein Geist an der Tür (S. 149)
Via erzählt von einer Nacht, in der sie ihre Mutter an Auggies Türrahmen beobachtet hat. Als die Mutter Via bemerkte, brachte sie ihre Tochter zurück ins Bett. Via fragt sich, ob ihre Mutter schon jemals nachts vor ihrer Tür gestanden hat.

Frühstück (S. 150 – 153)
Via erzählt ihrer Mutter von ihren Problemen mit Miranda. Die Mutter erklärt sich bereit, Via nach der Schule mitzunehmen. Doch Via lehnt ab, weil die Mutter Auggie zuerst abholt.

Grundkurs Genetik (S. 154 – 156)
Via findet auf alten Fotos von Verwandten keine Anhaltspunkte, dass vor August jemand einen Gendefekt hatte. Nach Augusts Geburt haben die Eltern ihr Erbgut untersuchen lassen. Mutter, Vater und Via tragen das mutierte Gen, das die Anomalien hervorgerufen hat, in sich.

Das Punnett-Quadrat (S. 157 / 158)
Via erklärt, unter welchen Voraussetzungen das defekte Gen weitergegeben werden könnte. Sie spricht auch von Pech und dass noch andere Wahrscheinlichkeiten und Risiken die Vererbung beeinflussen.

Frischer Wind (S. 159 / 160)
Durch den Rückzug ihrer Freundinnen lernt Via Eleanor besser kennen, über die sie auch Justin trifft und sich in ihn verliebt. Hin und wieder erkundigt sich Miranda nach August. Da Auggie in dieser Zeit in seiner eigenen Welt lebt, richtet Via die Grüße für ihn nicht aus.

31. Oktober (S. 161 – 163)
Via erzählt, dass ihre Mutter zwei Wochen an Auggies Kostüm gearbeitet hat. Für Via ist Halloween ein trauriger Tag, da er auf den Todestag ihrer Großmutter folgt. Via

belastet die Erinnerung so stark, dass sie bei ihrer Mutter zu Hause bleibt. Sie verbringen die Zeit gemeinsam, bis die Mutter Auggie wegen seiner Bauchschmerzen abholt.

Süßes oder Saures (S. 164–167)
Dass August nicht umherziehen möchte, um Süßigkeiten zu sammeln, überrascht Via. Schließlich erzählt Auggie den Vorfall aus der Schule und stellt seinen Schulbesuch infrage. Via gelingt es, dass sie gemeinsam an der Parade teilnehmen.

Zeit zum Nachdenken (S. 168–172)
Via versucht, Auggie zum Verbleib an der Schule zu überreden. Er lenkt das Gespräch auf Miranda. Via reagiert verletzt, da ihre frühere Freundin mit Auggie telefoniert hat. Daraufhin droht Via, den Eltern von dem Halloween-Vorfall zu erzählen, falls ihr Bruder nicht mehr zur Schule geht.

3. Teil: Summer

Bloß ein Junge (S. 175/176)
Summer verteidigt ihre Freundschaft zu Auggie. In der Schule hat sie sich neben ihn gesetzt, weil er ihr leidgetan hat. Summer stellt fest, dass August der Einzige ist, über den alle wegen seines Aussehens reden.

Die Pest (S. 177/178)
Zufällig findet Summer heraus, dass jeder, der Auggie aus Versehen berührt, nur dreißig Sekunden Zeit hat, sich die Hände zu waschen. Andernfalls holt er sich „die Pest“.

Die Halloween-Party (S. 179–182)
Auf Savannas Halloween-Party muss sich Summer gegen diskriminierende Kommentare wehren, weil sie sich mit August angefreundet hat. Savanna stellt Summer vor die Wahl zu entscheiden, mit wem sie lieber ihre Zeit verbringen möchte: mit ihr und ihren Freunden oder mit August. Daraufhin lässt sich Summer unbemerkt von der Party abholen.

November (S. 183–186)
Summer entschuldigt ihr Verschwinden mit verdorbenen Süßigkeiten. Sie bemerkt, dass Auggie fehlt. Nach seiner Rückkehr verhält er sich seltsam. Summer versucht, über das bevorstehende Unterrichtsprojekt zu reden. Auggie unterstellt ihr, nur aus Pflichtbewusstsein und Gefälligkeit mit ihm befreundet zu sein. Summer schwört, dass dies nicht zutrifft, und Auggie erzählt ihr von dem Vorfall an Halloween.

Achtung: Dieser Junge ist nicht jugendfrei (S. 187–191)
Summer nimmt Auggie mit zu sich nach Hause, um gemeinsam an dem Projekt zu arbeiten. Auggie erfährt, dass Summers Vater gestorben ist. Daraufhin sprechen er und Summer über ihre Vorstellungen vom Leben nach dem Tod. Ihm gefällt Summers Idee, dass die Seele die gleiche bleibt, das Aussehen sich bei einer Wiedergeburt aber verändert. Auggie erzählt Summer, weshalb sein Gesicht entstellt ist.

Die ägyptische Grabkammer (S. 192–194)
Bei der ägyptischen Ausstellung präsentieren Summer und August, als Mumien verkleidet, ihr Projekt. Jack fragt Summer, warum Auggie sauer auf ihn sei. Sie gibt ihm den Hinweis, dass es mit dem „Killer aus Scream“ zu tun habe.

4. Teil: Jack

Der Anruf (S. 197–199)
In einem Rückblick erzählt Jack, dass Mr. Pomann seine Mutter telefonisch gebeten hat, einen neuen Schüler als „Willkommens-Kumpel“ an der Schule zu begleiten. Jacks Mutter versucht, ihren Sohn dafür zu gewinnen. Jack weiß, wer der Junge ist.

Die Eisdiele (S. 200–203)
Jack ist Auggie schon einmal in der Eisdiele begegnet. Sein Aussehen hat Jack und seinen Bruder Jamie erschreckt, weshalb sie die Eisdiele mit ihrer Babysitterin verlassen haben. Sie tadelte das Verhalten der Kinder. Jack erfuhr, dass man auch unabsichtlich jemanden verletzen kann.

Warum ich meine Meinung änderte (S. 204–207)
Jacks Mutter reagiert enttäuscht auf das wenig mitfühlende Verhalten ihrer Söhne gegenüber Auggie. Überraschend stimmt Jack dann aber zu, August als Mentor zu unterstützen. Er fühlt sich schlecht und möchte dazu beitragen, dass August eine Chance bekommt.

Vier Punkte (S. 208–210)
Jack zeigt Auggies positive Seiten auf. Zunächst ist er nur auf Mr. Pomanns Bitte hin freundlich gewesen. Nun kann er sich August als Freund vorstellen.

Keine Freunde (S. 211–213)
Jack kann mit Summers Hinweis, dem „Killer aus Scream“, vorerst nichts anfangen. Er versteht nicht, warum August ihn ignoriert. Jack tröstet sich, noch andere Freunde zu haben. Zwar kann er jetzt mit den angesagten Leuten Zeit verbringen, jedoch fehlt ihm August.

Schnee (S. 214–216)
Jack möchte August von seinem neuen Schlitten erzählen, den er gefunden und repariert hat. Im letzten Moment entscheidet er sich aber dagegen.

Das Glück ist mit den Tapferen (S. 217)
Jack denkt im Rahmen eines Aufsatzes über die Dezember-Maxime nach: Er stellt fest, dass seine mutigste Handlung das Anfreunden mit August gewesen ist. Aus Angst, dieses Eingeständnis preisgeben zu müssen, schreibt Jack eine belanglose Geschichte.

Auf der Privatschule (S. 218–221)
In einem Gespräch mit Julian und Miles über die bevorstehenden Ferien erfährt Jack, dass Miles seinen alten Schlitten auf dem Hügel zurückgelassen hat. Jack geht zu seinem Schließfach, da niemand erfahren soll, dass er den Schlitten mitgenommen hat.

Naturwissenschaft (S. 222–224)
Als Jack im Naturwissenschaft-Unterricht sein Unbehagen über das bevorstehende Projekt in einem stummen Schrei ausdrückt, begreift er, was Summer mit ihrem Hinweis gemeint hat.

Partner (S. 225–227)
Die Lehrerin teilt Jack und August als Tandem für das neue Projekt ein. Julian erkundigt sich nach der Möglichkeit, mit Jack zusammenzuarbeiten. Doch Jack akzeptiert die ursprüngliche Einteilung. Als Julian seinen Missmut äußert und August beleidigt, schlägt Jack ihn auf den Mund.

Schulverweis (S. 228–231)
Jacks Mutter und Mr. Pomann verstehen Jacks Motiv nicht. Er weint und entschuldigt sich. Der Schulleiter begrenzt den Schulverweis und Jack kann nach den Winterferien für einen Neuanfang zurückkehren. Wenn er in einem Brief Mr. Pomann den Vorfall erklärt und sich bei Julian schriftlich entschuldigt, bekommt er keinen Vermerk in der Schulakte.

Weihnachtsgrüße (S. 232/233)
Die Weihnachtskarte der Pullmans ist Anlass dafür, dass Jack seiner Mutter erzählt, Julians Mutter habe Augusts Gesicht aus dem Klassenfoto herausretuschiert. Schließlich berichtet Jack auch, warum er Julian geschlagen hat, dass August und er nicht mehr befreundet sind und von Halloween.

Briefe, E-Mails, Facebook-Nachrichten, SMS (S. 234–243)
Jack entschuldigt sich bei Mr. Pomann und kündigt einen Brief an Julian an. Mr. Pomann antwortet Jack freundlich. Julians Mutter schreibt dem Schulleiter, dass sie und ihr Mann Jacks Rückkehr an die Schule befürworten. Sie fragt sich, ob Jack wegen der Unterstützung von August überfordert sei. Mrs. Albans weist darauf hin, dass die Beecher Prep keine integrative Schule sei. Mr. Pomann verteidigt das „Willkommens-Komitee". Mr. und Mrs. Will hoffen, dass Julians Familie das Angebot der Begleichung seiner Zahnarztrechnungen annimmt. Jack und Auggie klären ihren Konflikt per SMS und retten ihre Freundschaft.

Zurück aus den Winterferien (S. 244/245)
Nach den Winterferien meiden die meisten Jungen Jack. Er glaubt, Julian wolle es ihm auf diese Weise heimzahlen. Jack stellt fest, dass die Einsamkeit ein schrecklicher Zustand ist.

Der Krieg (S. 246–250)
Charlotte erzählt Jack heimlich, warum die anderen ihn ignorieren. Demnach geht es nicht allein um die Handgreiflichkeit, sondern Jack soll emotionale Probleme haben und der Schule verwiesen worden sein. Julian glaubt, dass Jack unter der Freundschaft mit Auggie leide, und hat alle Jungen davon überzeugt, nicht mehr mit Jack zu reden.

Tischtausch (S. 251/252)
In der Mittagspause suchen sich Jacks Tischnachbarn einen neuen Tisch. Mrs. G. will dies unterbinden und fordert die anderen auf zurückzukehren. Daraufhin steht Jack freiwillig auf und findet bei Summer und August einen Platz.

Warum ich nicht von Anfang an … (S. 253/254)
Jack gesteht, dass es ihm schwergefallen ist, sich am Anfang zu August zu setzen. Er hat deshalb einen anderen Tisch gewählt. Summer findet er mutig, da sie zu August einfach nett sein wollte. Am „Sommer-Tisch" berichtet er, was Charlotte ihm erzählt hat. Er beklagt die Ignoranz der anderen. August heißt ihn in seiner Welt willkommen.

Die Seiten (S. 255–257)
Summer zeigt Jack eine Liste von Charlotte, damit er weiß, wer zu ihm und wer zu Julian hält und wer neutral eingestellt ist.

Bei August zu Hause (S. 258–262)
Jack bewundert Auggies Vorliebe für „Star Wars". Gemeinsam planen sie in Auggies Zimmer das Naturwissenschaftsprojekt. Wenig später klopft Via an Augusts Tür. Gegenüber Jack verhält sie sich reserviert. Als die beiden

Jungen wieder allein sind, erklärt Auggie, dass er Via von Halloween erzählt habe und dass sie Jack hasse.

Vias Freund (S. 263/264)
Kurz darauf kehrt Via zurück und stellt Auggie ihren Freund Justin vor. Als sie aus dem Zimmer gehen, lachen Jack und Auggie über die Art, wie sich Justin bei ihnen vorgestellt hat.

5. Teil: Justin

Olivias Bruder (S. 267–270)
Justin reagiert überrascht, als er das erste Mal auf August trifft. Er ist froh, Olivia als Freundin zu haben, und hebt ihre Vorzüge hervor. Olivia erzählt Justin von Auggies Einschränkungen und den Reaktionen anderer Kinder.

Valentinstag (S. 271–275)
Bei einem Restaurantbesuch soll Justin Olivias Eltern kennenlernen. Da er nervös ist, treten seine Ticks zutage. Justin genießt die Aufmerksamkeit und das Interesse in Gegenwart der Pullmans. Zu Hause erzählt Mr. Pullman davon, wie Daisy ein Teil der Familie geworden ist. Justin stellt fest, dass seine Familie sich von den Pullmans unterscheidet.

Unsere kleine Stadt (S. 276/277)
Justin hat auf Olivias Initiative die Hauptrolle in der Theateraufführung an der Schule erhalten. Er zeigt sich enttäuscht, dass seine Freundin nur eine kleinere Rolle spielt und die Zweitbesetzung für Miranda ist.

Der Marienkäfer (S. 278/279)
Olivia unterstützt Justin beim Lernen seines Textes. Seinen Zweifeln begegnet sie mit Zuversicht. Olivia und Justin richten ihre Aufmerksamkeit auf einen Marienkäfer. Beide wünschen sich etwas.

An der Bushaltestelle (S. 280–285)
Mrs. Pullman bittet Justin, Jack zur Bushaltestelle zu begleiten. Er leiht Jack Geld, damit er sich im Lebensmittelladen Kaugummi kaufen kann. Justin sieht, dass drei Jungen Jack auf dem Rückweg abpassen und üble Geräusche von sich geben. Jack erklärt Justin anhand der schriftlichen Auflistung, wer in seinem Jahrgang zu wem hält. Justin erkennt ohne Worte, dass andere Schüler Jack wegen seiner Freundschaft zu August mobben. Als Justin Julian und seine beiden Freunde kurz darauf wiedersieht, warnt er sie davor, sich mit Jack anzulegen.

Die Proben (S. 286–288)
Bei den Proben befindet Justin Miranda für nett. Sie gesteht ihm, dass Olivia und sie früher Freundinnen gewesen sind und sie Auggie als Baby gekannt hat. Sie zeigt ihm ein Foto und erklärt stolz, dass Auggies Helm von ihr stammt.

Der Vogel (S. 289–291)
Verärgert spricht Justin Olivia auf die verschwiegene Freundschaft an. Olivia sagt, dass sie traurig ist, weil sie sich schlecht fühlt: Ihren Eltern hat sie die Theateraufführung verschwiegen, damit diese wegbleiben. An Olivias Schule weiß niemand von Auggie. Sie befürchtet, dass sich dies ändert, wenn ihr Bruder mitkommt.

Das Universum (S. 292/293)
Justin erinnert sich an Mirandas Worte, das Universum sei zu Auggie nicht nett gewesen. Er kommt zu der Einsicht, dass das Leben kein Zufall ist und das Universum bestimmte Dinge ausgleicht und sich kümmert.

Unterrichtsschwerpunkte

- Figurenkonstellationen untersuchen
- Entscheidungen abwägen
- Konflikte erkennen und lösen
- Beziehungen aufbauen und pflegen

Zu den Kopiervorlagen

Das „Auggieversum“
Nutzen Sie für den Einstieg den Schreibanlass „Meine Umlaufbahn“ (siehe S. 30), in dem sich die Schüler mit ihrem eigenen sozialen Umfeld auseinandersetzen. Ausgehend von ihren Einschätzungen leiten Sie zum Arbeitsblatt über. In Aufgabe 1 übertragen die Schüler Informationen aus dem Romantext in ein Schaubild, ergänzt durch eigene Interpretationen, die sich aus der bisherigen Lektürearbeit ergeben haben. Danach beschreiben sie in Aufgabe 2 mit eigenen Worten die Besonderheiten, die aus der eingezeichneten Konstellation hervorgehen. Die letzte Aufgabe schult das Argumentationsvermögen der Schüler, indem sie eine Pro-und-Kontra-Diskussion führen.

★ Bei der Bearbeitung von Aufgabe 1 bieten sich zwei Möglichkeiten zur Differenzierung an:
- Visualisieren Sie das „Auggieversum“: Die Schüler stellen sich im Klassenzimmer auf und zeigen so das

Nähe-Distanz-Verhältnis der Figuren zu August. (Die Hündin Daisy kann, muss aber nicht dargestellt werden.) Dadurch fällt es den Jugendlichen leichter, die Figuren auf dem Arbeitsblatt zu verorten. Nutzen Sie die Aufstellung auch zur Bearbeitung von Aufgabe 2. Die Schüler formulieren erkennbare Auffälligkeiten aus ihrer räumlichen Position heraus. Geben Sie für die Formulierung Satzstrukturen vor (z. B. „Die Figur X steht mir am nächsten."/„Die Figur Y steht am weitesten von mir entfernt.").

- Verändern Sie das Arbeitsblatt durch eine Anpassung der Abbildung wie folgt: Tilgen Sie die Namen der Figuren in Aufgabe 1 (z. B. durch Überkleben). Zeichnen Sie anschließend die Position der Figuren im „Auggieversum" ein (siehe Lösung zu Aufgabe 1). Die Schüler beschriften die Positionen mit den Namen der Figuren.

Verzichten Sie gegebenenfalls auf Aufgabe 3. Der Schreibanlass „Meine Umlaufbahn" eignet sich für alle.

Lösung

Aufgabe 1:

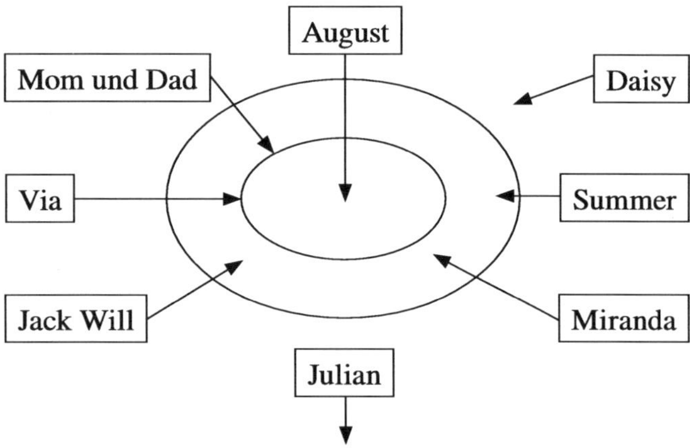

Aufgabe 2:

z. B.

- August bildet als Sonne die Mitte des Universums.
- Die Familie hat die engste Verbindung zu August.
- Miranda hat eine enge Verbindung zu August.
- Daisy steht außerhalb (des Planetensystems).
- Jack Will und Summer „umkreisen" August, halten aber Distanz.
- Julian steht abgewandt und außerhalb (des Planetensystems).

Aufgabe 3:

z. B. Auggie wird selbstständiger und löst sich mehr und mehr von seinen Eltern.

Via entdeckt ihr eigenes Leben und vertraut auf ihre erworbenen Fähigkeiten. Sie sucht nicht länger nach Unterstützung und Bestätigung von außen (z. B. durch die Aufmerksamkeit ihrer Eltern).

Auggies Mutter kann die Unterstützung ihres Sohnes reduzieren.

Ein Engel für Via

Beginnen Sie den Unterricht mit der Frage: „Was macht die beste Zeit im Leben aus?" Die Schüler sammeln in Partnerarbeit Kennzeichen, die diese „beste Zeit" beschreiben, und notieren ihre Ideen auf einem Zettel. Danach werden die Ergebnisse im Plenum zusammengetragen.

Leiten Sie nun zu Aufgabe 1 des Arbeitsblatts über, die Vias „beste Zeit" veranschaulichen soll. Die Schüler nehmen Gemeinsamkeiten und Unterschiede zu ihren eigenen Ideen wahr. In Aufgabe 2 reflektieren sie das besondere Verhältnis zwischen Grans und Via. Das mündliche Formulieren trainieren die Schüler in Aufgabe 3, indem sie ihre eigene Meinung begründen.

Im Anschluss an das Arbeitsblatt führen die Schüler den Schreibanlass „Ich habe Auggie durchs Guckloch gesehen" aus (siehe S. 30).

Lösung

Aufgabe 1:

- Niemand starrt Grans und Via an.
- Niemand zeigt auf Grans und Via.
- Niemand bemerkt Grans und Via.
- Grans würde mit ihren teuren Klamotten ins Meer rennen.
- Grans lässt Via mit ihrem Make-up spielen.
- Grans lässt sich von Via schminken.
- Auch vor dem Essen gibt es Eis.
- Grans zeichnet mit Kreide Pferde auf den Bürgersteig.

Lebensgefühl: z. B. Freiheit, Würde, unbeobachtet sein, Spaß haben, Ungezwungenheit, Sorglosigkeit, Spontanität

Aufgabe 2:

a) Auggies Engel: z. B. Mom, Dad, Via, Ärzte
   Vias Engel: Grans

b) Verhältnis Grans/Auggie: Sie hat Auggie „sehr, sehr lieb“ (S. 131).
Verhältnis Grans/Via: Sie liebt Via mehr als alle anderen Menschen (S. 131).

c) Grans ist Vias Engel, weil sie Via beschützt und ihr ein schönes Lebensgefühl vermittelt.

Aufgabe 3:
z. B.
- Ja, ich finde es in Ordnung, weil Auggie sowieso genügend Aufmerksamkeit von allen anderen bekommt. Via braucht auch Liebe und Fürsorge. Sie sollte nicht weniger geliebt werden, nur weil sie gesund ist. Grans kann vielleicht ein bisschen ausgleichen, was die Eltern Via gegenüber versäumen.
- Nein, ich finde es nicht in Ordnung, weil Großeltern und Eltern ihre Fürsorge und Liebe auf alle Enkelkinder und Kinder gleichmäßig verteilen sollten. Außerdem wird Auggie in der Gesellschaft häufig benachteiligt. Das sollte innerhalb der Familie nicht geschehen.

KV Seite 36

Ein Leben in „Krieg und Frieden“

Präsentieren Sie im Unterrichtseinstieg eine Bildershow mit Szenen von „Krieg“ und „Frieden“ im physischen (z. B. Waffen, Kampf, Kriegsende), emotionalen (z. B. Streit und Versöhnung) und symbolischen (z. B. Verbrennung einer Landesfahne, Taube, Peace-Zeichen, Icons gegen Waffen) Sinn sowie das Buchcover von Tolstois „Krieg und Frieden“. Passende Bilder finden Sie im Internet. Die Schüler entnehmen diesem stummen Impuls, dass „Krieg“ und „Frieden“ auf unterschiedlichen Ebenen stattfinden können. Gleichzeitig identifizieren sie Tolstois Werk als Vias Lektüre.

Leiten Sie mit dieser Erkenntnis zum Arbeitsblatt über. In Aufgabe 1 führen die Schüler anhand von drei Fragen eine Textanalyse durch. Danach entschlüsseln sie in Aufgabe 2 Vias ambivalente Gefühle gegenüber ihrer Mutter. Die Bearbeitung der letzten Aufgabe zeigt einerseits einen lösungsorientierten Umgang mit Vias Situation auf: Altes in Frieden abschließen können und Neues beginnen. Andererseits wird ein Zukunftswunsch Vias deutlich, der aus der Ist-Situation heraus resultiert und einen momentanen Mangel aufzeigt. Beides bildet Momente des täglichen Lebens ab und bietet auch Anknüpfungspunkte an die Lebenswelt der Schüler.

Zur Vertiefung finden Sie in der Rubrik „Kreativ aktiv“ zwei Aufgabenstellungen (siehe S. 32): „Krieg und Frieden und ich“ bietet eine persönliche Auseinandersetzung, während „Tolstoi – kein Zufall“ Gemeinsamkeiten der Werke „Krieg und Frieden“ und „Wunder“ verdeutlicht.

Lösung
Aufgabe 1:

	Seite 147/148	Seite 150–153
In welcher Situation befindet sich Via?	Nach einem Konflikt mit Miranda in der Highschool liegt Via im Bett und wartet auf ihre Mutter, um ihr davon zu erzählen. (Markierung: rot)	Via diskutiert mit ihrer Mutter, weil sie nach der Schule eigenständig mit der U-Bahn nach Hause fahren möchte. (Markierung: rot)
Welche Intention verbirgt sich hinter Dads Stellungnahme zu Vias Lektüre?	Er ist stolz auf Via, weil sie mit fünfzehn bereits Tolstoi liest. → Bewunderung (Markierung: grün)	Wer Tolstoi liest, ist alt genug, um mit der U-Bahn zu fahren. → Vertrauen, Zuversicht (Markierung: grün)
Welches Gefühl hat Via gegenüber ihrer Mutter?	Via ist sauer und enttäuscht, dass ihre Mutter ihr keine gute Nacht wünscht. (Markierung: rot)	Via ist enttäuscht, dass ihre Mutter ihr so wenig zutraut. (Markierung: rot)

Feststellung: Via lebt in einem inneren Unfrieden mit ihrer Mutter. Der Vater versucht, Via in ihrer Eigenständigkeit zu bestärken, um ihr ein friedvolleres Leben zu ermöglichen.

Aufgabe 2:
S. 148: „‚Du weißt, wie viele Sorgen [Mom] sich um Auggie macht.‘ – ‚Ich weiß.‘ “
S. 151: „‚Mom, es ist alles gut.‘ Diesmal meinte ich es auch so.“

Aufgabe 3:
- Freundschaft: Via hat ihren Frieden damit geschlossen, nicht mehr mit Miranda und Ella befreundet zu sein: „Wir gingen einfach getrennte Wege. Nach einer Weile machte es mir nicht mal mehr was aus.“ (S. 159) Gleichzeitig hat sie neue Freunde gefunden, z. B. Eleanor.
- Liebe: Via wünscht sich einen Ehemann, der sie so liebt wie Fürst Andrej Natascha in „Krieg und Frieden“ (S. 159). Dies ist Ausdruck von Sehnsucht und Kampf nach Anerkennung und Liebe. Auf diesem Gebiet befindet sich Via eher noch im Kriegszustand, obwohl sie bereits in Justin verliebt ist (S. 160).

Willkommen in der Wirklichkeit

Freundschaft ist ein wichtiges Thema für Jugendliche. Treten hier Enttäuschungen oder Konflikte auf, sprechen Teenager häufig lieber mit Gleichaltrigen als mit ihren Eltern. Im Roman kann Via das Vertrauen ihres Bruders gewinnen und auch sie spricht – obwohl nicht ganz freiwillig – mit ihm über ihre Freundin Miranda. Im Vordergrund steht jedoch Augusts Konflikt. In Aufgabe 1 auf dem Arbeitsblatt rekonstruieren die Schüler das Geschwistergespräch und vergegenwärtigen sich dabei die Struktur der Gesprächsführung. Ihnen wird bewusst, mit welcher Überzeugungstaktik Via es schafft, ihr Ziel durchzusetzen. Weshalb sie dieses so hartnäckig verfolgt, erkennen sie in Aufgabe 2.

In Aufgabe 3 beschäftigen sich die Schüler mit zwei Aussagen der Hauptfiguren Via und Auggie, die sie an ihre Mutter richten könnten, wenn sie ihre Probleme offenlegen wollten. Dabei kommen sie zu dem Ergebnis, dass Wunsch und Wirklichkeit nicht immer nah beieinanderliegen.

Lösung

Aufgabe 1:

z. B.

a) Vias Versprechen: den Eltern nichts erzählen
b) Via provoziert Auggie, um ihn davon zu überzeugen, nicht aufzugeben. / Via verdeutlicht (in übertriebener Form) die Konsequenzen von Auggies Schulverweigerung.
c) Auggie wechselt das Thema. / Auggie provoziert Via, indem er sie auf ihren „wunden Punkt" anspricht. / Auggie wehrt sich.
d) Erpressung / Via droht, das Versprechen zu brechen.
e) Via provoziert Auggie erneut. / Via verdeutlicht (in übertriebener Form) die Folgen von einer Einweihung der Eltern.
f) Auggies Versprechen: weiterhin die Schule besuchen

Aufgabe 2:

z. B. Via hat ein schlechtes Gewissen gegenüber ihrer Mutter, die sich Sorgen macht (S. 168).
Via möchte, dass ihr Bruder ein selbstständiges Leben führen kann.
Via erhofft sich, ihre Mutter durch Auggies Abwesenheit auch einmal für sich allein zu haben.

Aufgabe 3:

Wunsch	Sich Mom anvertrauen?	Wirklichkeit
S. 162: Via möchte mit ihrer Mutter darüber sprechen. → mehr Nähe und Fürsorge	Via könnte sagen: „Mom, ich leide darunter, dass Miranda und Ella mich ignorieren."	S. 162: Via erhält nicht die Gelegenheit, mit ihrer Mutter zu sprechen.
S. 168: Mom soll nichts davon erfahren. → Selbstständigkeit, erwachsen werden	Auggie könnte sagen: „Mom, ich leide darunter, dass Jack so gemein zu mir ist."	S. 172: Mom erfährt nichts, weil Via Auggie nicht verrät.

Feststellung:
- Via: Wunsch ungleich Wirklichkeit
- Auggie: Wunsch gleich Wirklichkeit

Durch „Zombie" infiziert

Für den Einstieg in die Auseinandersetzung mit Summers Erzählperspektive eignet sich das Kapiteleingangszitat, das aus dem Lied „Beautiful" von Christina Aguilera stammt (S. 173). Spielen Sie diesen zweiten Refrain (Minute 1:58–2:22) zur Einstimmung ab. Den Song finden Sie im Internet. Zur Interpretation des Refrains, bezogen auf die Figuren Summer und Auggie, bietet sich die Aufgabe „You are beautiful" aus der Rubrik „Kreativ aktiv" an (siehe S. 32).

Die Aufgaben auf dem Arbeitsblatt zeigen, wie es Summer trotz der widrigen Umstände gelingt, eine Freundschaft zu Auggie aufzubauen. Besonders in den Aufgaben 2 und 3 entwickeln die Schüler ein Verständnis für die Festigung von Freundschaften und erweitern somit ihre Sozialkompetenz. Die Figur Summer verdeutlicht ihnen, was es heißt, für eigene Überzeugungen einzustehen, Verantwortung für das eigene Handeln zu übernehmen, Vor- und Nachteile abzuwägen und die entsprechenden Konsequenzen zu ziehen.

Lösung

Aufgabe 1:

- Auggie wird als „Freak" bezeichnet (S. 175).
- Julian gibt Auggie den Spitznamen „Zombie" (S. 176).
- Seine Klassenkameraden haben das Spiel „Pest" erfunden: Jeder, der Körperkontakt mit Auggie hat, infiziert sich (S. 177 f.).

Aufgabe 2:

a) S. 175: „Nein, ich bin mit ihm befreundet, weil ich mit ihm befreundet sein möchte.“ ④
S. 175: „Ich habe mich am ersten Tag zu ihm gesetzt, weil er mit leidtat.“ ①
S. 177: „Ich sollte wohl auch noch sagen, dass er mir gar nicht mehr groß leidtut.“ ②
S. 177: „Ich bin bei ihm sitzen geblieben, weil es lustig ist mit ihm.“ ③

b) Die Freundschaft entwickelt sich von anfänglichem Mitleid über ernsthaftes Interesse zu einer Freundschaft aus Überzeugung.

Aufgabe 3:

Konflikt: Savanna erklärt Summer, dass sie viel beliebter sein könnte, wäre sie nicht so viel mit Auggie zusammen. Summer wird vor die Entscheidung gestellt: Clique oder Auggie.
Entscheidung: Summer lässt sich unbemerkt von der Party abholen. Sie entscheidet sich gegen die Clique und für die Freundschaft mit Auggie.

Aufgabe 4:

a) z. B. übertragen, anstecken, weitergeben

b) Summer hat sich von Auggies lustiger und netter Art anstecken lassen und ist beeindruckt von seiner Stärke.

Im nächsten Leben: gut aussehend

Summer eröffnet ein Gespräch über das Leben nach dem Tod (S. 188 ff.). Diese existenzielle Frage weckt meist das Interesse der Schüler, da die Beantwortung aus anthropologischer Sicht spekulativ bleibt und die Religionen unterschiedliche Anschauungen bieten.

Führen Sie im Unterrichtseinstieg ein anonymes Stimmungsbild mithilfe einer Punktabfrage durch. Einen Vorschlag, wie Sie dabei vorgehen können, finden Sie unter „Einmal Himmel und zurück?!“ in der Rubrik „Kreativ aktiv“ (siehe S. 33). So nähern Sie sich der Thematik behutsam an, da kein Schüler direkt Stellung zu dieser persönlichen Frage beziehen muss.

Alternativ können Sie den Unterricht auch mit folgendem Impuls beginnen: „Warum stellen sich viele Menschen die Frage, was nach dem Tod kommt?“ Mit beiden Einstiegen gelingt Ihnen die direkte Überleitung zur Kopiervorlage. In Aufgabe 1 arbeiten die Schüler Summers Interesse am Thema „Tod“ heraus. Aufgabe 2 hat informierenden Charakter: Die Schüler vergleichen Glaubensaussagen und beziehen diese dann auf die Romanfiguren. Gleichzeitig erkennen die Jugendlichen, ob und mit welcher Figur sie sich an dieser Stelle identifizieren. In Aufgabe 3 widmen sie sich einer ausführlichen Texterschließung. Aufgabe 4 eignet sich als Diskussionsgrundlage, z. B. im Plenum.

Lösung

Aufgabe 1:

Summers Vater ist vor ein paar Jahren gestorben. Sie vermisst ihn (S. 188).

Aufgabe 2:

- Auggie: Christentum
- Summer: Buddhismus / Hinduismus

Aufgabe 3:

a) Auggie hat die Hoffnung, dass er in seinem nächsten Leben ein anderes Gesicht hat.

b) Summer glaubt, dass nur die Seele wiedergeboren wird. Der Körper wird ein anderer. Die Seele soll eine zweite Chance bekommen.

c) hübsch, gut aussehend, muskulös, sehr groß

d) z. B. ernsthaft → nachdenklich → erleichtert
betroffen → interessiert → gelassen
traurig → skeptisch → lustig, euphorisch

Aufgabe 4:

z. B. Gespräche über den Tod und das Leben danach sind sehr persönlich und setzen ein gewisses Vertrauen zu dem Gegenüber voraus. Ähnlich verhält es sich bei dem Thema „Krankheit“. Das Gespräch über die Jenseitsvorstellungen hat sich bei Summer und Auggie aus der Situation heraus ergeben und ist sehr positiv verlaufen. Am Ende können sie lachen. Beides bildet die Voraussetzung dafür, dass Summer sich traut, nun auch nach Auggies Krankheit zu fragen. Das Vertrauensverhältnis hat sich gefestigt. Gleichzeitig kann Summer davon ausgehen, dass August nicht gekränkt oder verletzt auf diese Frage reagieren wird, da er zuvor fast schon humorvoll über sein Erscheinungsbild im nächsten Leben gesprochen hat.

Nur ein „Willkommens-Kumpel“?

Jack stellt in seiner Erzählperspektive – mithilfe von Rückblicken – dar, wie Auggie in sein Leben tritt. Zum Einstieg bietet sich der Schreibanlass „Hier spricht Mr. Pomann“ an (siehe S. 31). Anschließend leiten Sie zum Arbeitsblatt über, das thematisch zweigeteilt ist:

Die Aufgaben 1 und 2 widmen sich Jacks Entscheidungsprozess, als Auggies Mentor aufzutreten, während die Aufgaben 3 und 4 die bereits gefestigte Freundschaft aufgreifen. Die Gemeinsamkeit besteht darin, dass Jack sich jeweils mit einer Entscheidungsfrage auseinandersetzen muss. Das Hineinversetzen in die Figur fördert das Empathievermögen der Schüler.

Die Plenumsdiskussion in Aufgabe 4 verlangt einen Vergleich der Charaktere Jack und Summer und bildet in ihrem Ergebnis ein typisches gesellschaftliches Phänomen ab: das vorschnelle Urteilen über eine Person. Erst wenn man jemanden näher kennenlernt, kann man sich ein Urteil erlauben.

Lösung

Aufgabe 1:

Jacks kleiner Bruder Jamie erzählt, wie er sich gegenüber August verhalten hat: Er hat „Ahhh!" geschrien und ist weggelaufen (S. 205).

Aufgabe 2:

z. B. „Ich habe mich für die Schulhausführung entschieden, weil mir klar geworden ist, dass August es sehr schwer haben wird, wenn er sogar von eigentlich netten Kindern schlecht behandelt wird."

Aufgabe 3:

Pro:

- Ich habe mich bereits an sein Gesicht gewöhnt (S. 208).
- Er ist „ein echt cooler Typ" (S. 208).
- Er ist „ziemlich witzig" (S. 208).
- Er ist „echt clever" (S. 208).
- Er lässt mich die Hausaufgaben abschreiben (S. 208).
- Er amüsiert sich über meine Witze (S. 209).
- Ich verbringe gern Zeit mit ihm (S. 213).

Kontra:

- Andere Leute wollen dann nicht mit mir abhängen (S. 213).
- Ich kann nicht zu den „Super-Angesagten" gehören (S. 213).
- Ich werde blöd angeschaut, wenn ich mit Auggie unterwegs bin.
- Die anderen ärgern mich.

Aufgabe 4:

z. B. Jack und Summer beschreiben die Entwicklung ihrer Freundschaft zu Auggie sehr ähnlich. Beide äußern, dass sie sich an sein Gesicht gewöhnt haben (S. 177 und S. 208) und dass man viel Spaß mit ihm haben kann (S. 177 und S. 208). Summer hat anfangs Mitleid (S. 175), Jack knüpft Kontakt, weil es einerseits von ihm erwartet wird (S. 209), er andererseits aber auch Mitleid empfindet (S. 207). Jack ist zu Beginn tatsächlich ein „Willkommens-Kumpel", der dann aber eine echte Freundschaft zu Auggie aufbaut.

KV Seite 41

Reden hilft

Führen Sie zu Beginn der Stunde ein Lehrer-Schüler-Gespräch zum Thema „Wann benutzt man welchen Kommunikationsweg?". Diskutieren Sie die Merkmale von Briefen, E-Mails und Textnachrichten (z. B. SMS, WhatsApp, Facebook) in Bezug auf Adressaten, Inhalt und Absicht. Leiten Sie dann zum Arbeitsblatt über.

Der Schlägerei in der Schule folgt ein langes Kommunikationsgefüge, in das viele Figuren verwickelt sind. Die Schüler konstruieren in Aufgabe 1 die Kommunikationswege. Danach befassen sie sich in Aufgabe 2 damit, in welcher Form die Figuren beteiligt sind (direkt oder indirekt, einseitig oder beidseitig). Abschließend betrachten sie eine Kommunikationsabfolge genauer.

Durch die Arbeitsaufträge der Kopiervorlage werden sich die Schüler darüber bewusst, wie unterschiedlich Kommunikationen verlaufen können und dass im Hintergrund eines Geschehens oft mehr passiert, als man vordergründig sieht und vermuten würde.

Auffällig erscheint, dass sich Julian, der als Opfer betroffen ist, der Kommunikation völlig entzieht. Für eine nähere Betrachtung dieser Feststellung eignet sich der Schreibanlass „Julian ist ein Mama-Söhnchen!" (siehe S. 31).

★ Die folgende schüleraktivierende Methode dient als Vorbereitung auf die Bearbeitung von Aufgabe 1 der Kopiervorlage. Mithilfe verschiedenfarbiger Schnüre (z. B. Wollreste) spinnen die Schüler ein Kommunikationsnetz im Klassenzimmer. Zur inhaltlichen Differenzierung eignen sich zwei Vorgehensweisen:
- Wenn Ihnen Aufgabe 1 zu komplex erscheint, verändern Sie den Arbeitsauftrag wie folgt: „Wer hat mit wem Kontakt? Bilde Kommunikationspaare. Schreibe sie in dein Heft." (z. B. Jack Will hat Kontakt mit Lawrence Pomann. / Jack Will schreibt Lawrence Pomann einen Brief.)
- Eine weitere vereinfachte Möglichkeit zur Untersuchung der Kommunikationsstrukturen ist das Interpretieren des vollständigen Schaubilds. Präsentieren Sie hierzu die Lösung von Aufgabe 1 in vergrößerter Form. Die Schüler versprachlichen die durch die Pfeile dargestellten Bezüge.

Verzichten Sie auf die Aufgaben 2 und 3 des vorliegenden Arbeitsblatts, wenn Sie sich für die erste Variante der inhaltlichen Differenzierung entscheiden. Der Schreibanlass „Julian ist ein Mama-Söhnchen!“ eignet sich für alle Schüler.

Lösung

Aufgabe 1:

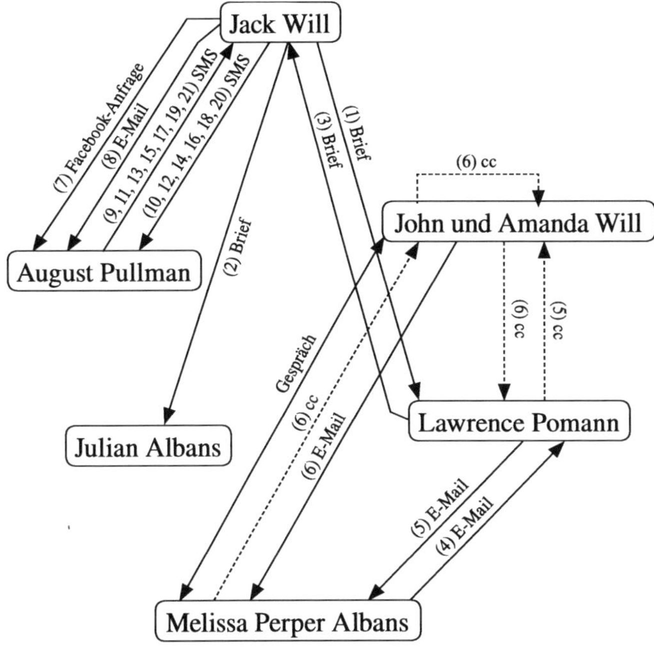

Aufgabe 2:

a) Direkte, beidseitige Kommunikation: Jack Will ←→ Mr. Pomann, Melissa Perper Albans ←→ Mr. Pomann, John und Amanda Will ←→ Melissa Perper Albans, Jack Will ←→ August Pullman

b) Direkte, einseitige Kommunikation: Jack Will → Julian Albans

c) Indirekte, beidseitige Kommunikation: Mr. Pomann ←→ John und Amanda Will

Aufgabe 3:

z. B.

- Jack Will ←→ Mr. Pomann: Jack entschuldigt sich für sein Verhalten und sieht ein, dass es falsch gewesen ist (S. 234). Mr. Pomann lehnt körperliche Gewalt zwar grundsätzlich ab, zeigt aber Verständnis und nimmt die Entschuldigung an (S. 235).
- Melissa Perper Albans ←→ Mr. Pomann: Mrs. Albans hat mit Jacks Eltern gesprochen und unterstützt Jacks Rückkehr an die Schule. Sie findet, den Kindern sei in Bezug auf August zu viel zugemutet worden (S. 235 f.). Mr. Pomann verteidigt sein Vorgehen, August Mentoren zur Seite gestellt zu haben, sowie seine Entscheidung bezüglich Jack (S. 237 f.). Die beiden sind einer Meinung, was Jack, nicht aber was August betrifft.
- John und Amanda Will ←→ Melissa Perper Albans: Im persönlichen Gespräch entschuldigen sich Jacks Eltern für den Vorfall (S. 235). In einer E-Mail bedanken sie sich für das Verständnis der Familie Albans (S. 239). Die Elternparteien zeigen sich versöhnlich.
- Jack Will ←→ August Pullman: Jack geht auf August zu und entschuldigt sich für seine Äußerungen an Halloween. Nach einem klärenden SMS-Chat beschließen beide, wieder Freunde zu sein (S. 240 ff.).

KV Seite 42

Und täglich grüßt ein Mobber

Mobbing ist ein weitverbreitetes Phänomen an Schulen. Deshalb behandelt diese Kopiervorlage nicht nur ein wesentliches Thema des Romans, sondern berührt ebenso die Lebenswelt der Jugendlichen. Nutzen Sie diese Ausgangssituation, indem Sie die Schüler in „Murmelgruppen“ (siehe Kasten auf S. 30) zu einem Austausch über das Thema „Mobbing“ auffordern.

Mobbing findet in unterschiedlicher Intensität statt, die häufig mit der Zeit zunimmt. Mit diesem Sachverhalt setzen sich die Schüler in Aufgabe 1 auf dem Arbeitsblatt auseinander. Sie veranschaulichen den Verlauf des Mobbingprozesses exemplarisch an der Romanfigur Jack Will. In Aufgabe 2 wechseln die Schüler von der Opfer- in die Täterperspektive. Dabei erweitern sie ihre Sozialkompetenz, indem sie Charlottes Aussage mit Julians Täterverhalten in Beziehung setzen. Das Ergebnis ergänzen sie im Gesprächsanlass „Mobbing-Profiling“ (siehe S. 31). Neben Jack Will und Julian sind nämlich noch weitere Personen am Mobbingprozess beteiligt.

Lösung

Aufgabe 1:

- Zeit: nach der Schule, Ort: Raum 301, mögliche Zitate: „Julian [...] hat allen erzählt, dass du ihn geschlagen hättest, weil du emotionale Probleme hast ...“ (S. 247) / „Und dass du von der Schule geflogen wärst, aber dass seine Eltern die Schule angefleht hätten, das nicht zu tun ...“ (S. 247) / „Und dass nichts von alledem passiert wäre, wenn Mr. Pomann dich nicht gezwungen hätte, dich mit August anzufreunden.“ (S. 247)
- Zeit: Mittagspause, Ort: Tisch, mögliche Zitate: „Ich setzte mich an meinen üblichen Tisch mit Luca und Isaiah. [...] Als dann unser Tisch aufgerufen wurde, holten sie sich ihr Mittagessen und kamen einfach nicht wieder.“ (S. 245) / „Es fühlte sich wirklich schrecklich an, allein am Tisch zu sitzen.“ (S. 245)
- Zeit: am Morgen, Ort: Schließfach, mögliche Zitate: „Amos [...] nickte aber nur kurz, machte sein Schließfach zu und ging weg.“ (S. 244) / „Niemand redete mit mir.“ (S. 244)

Aufgabe 2:
Julian fühlt sich verpflichtet, Jack zu bekehren. Zu diesem Zweck möchte er ihn mit falscher Anteilnahme, unwahren Behauptungen und Bedrohungen von einer Freundschaft mit Auggie abbringen. Letztlich sieht Julian die Schuld für Jacks Ausgrenzung bei August.

Murmelgruppen
Bei einer Murmelgruppe handelt es sich um ein kurzes Gruppengespräch, in dem das schnelle Abfragen von Vorerfahrungen im Mittelpunkt steht. Diese gruppenaktivierende Methode eignet sich besonders für sensible Inhalte, da alle Schüler die Gelegenheit zum Gespräch erhalten, ohne ihre Gedanken im Plenum mitteilen zu müssen. Sie tauschen sich mit ihren Sitznachbarn (maximal vier Personen) zu einem vorgegebenen Thema aus. Die Murmelphase endet mit einem akustischen Signal nach ein bis zwei Minuten. Berücksichtigen Sie, dass ein hoher Geräuschpegel in der Klasse für eine aktive Mitarbeit der Schüler spricht.

KV Seite 43

so tickt justin
Beginnen Sie die Unterrichtsstunde, indem sie mit Ihren Schülern die Doppeldeutigkeit der Überschrift des Arbeitsblatts erörtern. Wenn man wissen will, „wie jemand tickt“, geht es darum, wie er denkt und handelt. Der Ausspruch „Tickst du noch ganz richtig?“ weist auf ein unangemessenes Verhalten hin. In Bezug auf die Romanfigur Justin rückt das Krankheitsbild „Tick“ in den Vordergrund. Prüfen Sie zuerst das Vorwissen Ihrer Schüler, bevor Sie zu Aufgabe 1 überleiten. Informieren Sie sie gegebenenfalls in einem kurzen Lehrervortrag über die verschiedenen Formen von Tick-Erkrankungen. Anhand von Justins Tick erschließen die Schüler exemplarisch das Auftreten, die Symptome und die Symptomlinderung. So werden sie für dieses Störungsbild sensibilisiert. In Aufgabe 2 analysieren die Schüler die Figurenkonstellation um Justin, wodurch seine liebenswürdige Art zum Vorschein kommt.

Greifen Sie zum Abschluss die formalen Auffälligkeiten der durchgängigen Kleinschreibung und des Wegfalls der Anführungszeichen in diesem Kapitel auf. Als möglichen Grund nennen die Schüler, dass sich Justins „Anderssein“ auch in der Schreibung ausdrückt.

Lösung
Aufgabe 1:
a)
- Situationen (allgemein): unter Nervosität, in Stresssituationen
- Situation (konkret): Justin lernt Vias Eltern kennen.
- Symptome: heftiges Blinzeln, Kopfzucken

b)

Justins Familie	Vias Familie
Eltern sind geschieden → zwei „Lebensmittelpunkte“, frühe Selbstständigkeit, Eltern verhalten sich gleichgültig, selbstbezogen, faul	„richtige Familie“, Eltern sind sehr präsent, zeigen Interesse, liebevoller Umgang, behüten ihre Kinder

→ Justins Symptome verschwinden im Laufe des Abends, weil <u>er sich in Vias Familie wohlfühlt. / Vias Familie sehr nett ist. / er keinen Stresssituationen ausgesetzt ist.</u>

Aufgabe 2:
- Auggie: um normalen Umgang bemüht, S. 268: „cooles zimmer“
- Via: liebevoll, behütend, beschützend, S. 291: Flügel ausbreiten, „unterkriechen“ lassen
- Jack: verteidigt und beschützt Jack, S. 284: „legt euch nicht mit jack an“
- Miranda: offen, S. 286 f.: überrascht, dass sie so nett ist, Auggie kennt und Olivia „Via“ nennt

Gesprächs- und Schreibanlässe

Meine Umlaufbahn
Bereiten Sie für den folgenden Schreibimpuls eine Skizze an der Tafel vor, die sich am Blatt „Das ‚Auggieversum‘ “ orientiert (siehe S. 34). Lassen Sie die Namen der Figuren weg. Die Schüler übertragen die Zeichnung in ihr Heft.

Arbeitsauftrag:
Die Menschen in unserer Umgebung beeinflussen unser Denken und Handeln. Wer prägt dein Leben? Setze deinen Namen vor den Wortteil -versum. Schreibe ihn in die Mitte des Planetensystems. Zeichne alle wichtigen Bezugspersonen in deinem Leben im entsprechenden Abstand in die Übersicht.

„Ich habe Auggie durchs Guckloch gesehen“
Für einen Moment sieht Via ihren Bruder mit anderen Augen (S. 129 f.). Gerne hätte sie Grans davon erzählt. Doch sie stirbt, bevor Via die Möglichkeit dazu hat.

Arbeitsauftrag:
In Gedanken spricht Via mit ihrer verstorbenen Großmutter, erzählt von ihrem anderen Blick auf Auggie und davon, wie sie sich dabei fühlt. Schreibe einen inneren Monolog. Du kannst mit folgenden Worten beginnen: „Liebe Grans, ich habe Auggie durchs Guckloch gesehen …“ Nimm die Seiten 128 bis 136 zu Hilfe.

„Hier spricht Mr. Pomann“
Das Kapitel „Der Anruf“ beginnt mit dem Telefonat von Amanda Will und Mr. Pomann (S. 197). Der Dialog erscheint im Roman unvollständig. Der Leser erfährt lediglich, was Mrs. Will sagt. Mr. Pomanns Worte bleiben ungewiss. Jack, der das Telefonat mithört, nimmt entsprechende Pausen im Gespräch wahr.

Die Schüler vervollständigen den Dialog in Partnerarbeit und präsentieren ihr Ergebnis. Mit diesem kreativen Schreibprozess fördern Sie das Denken in Zusammenhängen, da die Jugendlichen voran- und nachgestellte Gesprächsanteile berücksichtigen müssen.

„Julian ist ein Mama-Söhnchen!“
Am 18. Dezember schreibt Jack einen Brief an Julian (S. 234). Julian antwortet nicht, sondern lässt seine Mutter auf höherer Ebene agieren.

Arbeitsauftrag:
Versetze dich in die Lage von Julian. Verfasse eine Antwort an Jack. Überlege dir zunächst, welches Kommunikationsmittel (z. B. Brief, E-Mail, SMS) du wählst, und schreibe dann im entsprechenden Stil.

„Mobbing-Profiling“
Präsentieren Sie den Schülern das Schaubild (siehe unten), z. B. mithilfe von Whiteboard, Overheadprojektor, Dokumentenkamera oder Tafel. In lernschwächeren Klassen oder niedrigeren Jahrgangsstufen empfiehlt es sich, zunächst das Schaubild mit seinen Überschneidungsfeldern zu besprechen. Diese kommunikative Aufgabe aktiviert das moralische Bewusstsein und erlaubt, Handlungsmöglichkeiten und Handlungsalternativen zu reflektieren. Nicht Schuldzuweisungen stehen im Zentrum, sondern das Verstehen und Beurteilen von Verhaltensweisen. Anhand der Zuordnung und der daraus entstehenden Diskussion wird auch deutlich, dass die Grenzen zwischen den Gruppen zum Teil fließend sind.

Arbeitsaufträge:
- Ordnet die Romanfiguren (① bis ⑨) anhand der Kapitel „Zurück aus den Winterferien“ (S. 244 f.) und „Der Krieg“ (S. 246 ff.) den Gruppen im Schaubild zu. Tragt dazu die Nummern in das Modell ein.
  (z. B. A: Tristan (wirkt nervös und ängstlich, wird also möglicherweise unter Druck gesetzt), Jack (weil er mit August befreundet ist), August; B: Max Eins und Max Zwei, Charlotte, Jack, August (Jack und August helfen sich gegenseitig); C: Charlotte, Jack, August; D: Amos, Henry, Tristan, Luca und Isaiah, Charlotte; E: Charlotte, Julian)
- Vergleicht und diskutiert die Zuordnung. Wer lässt sich nicht eindeutig einsortieren?
  (Gruppe D: Aus dem Roman ist nicht ersichtlich, ob die Schüler ebenfalls Opfer von Mobbing sind und nur des-

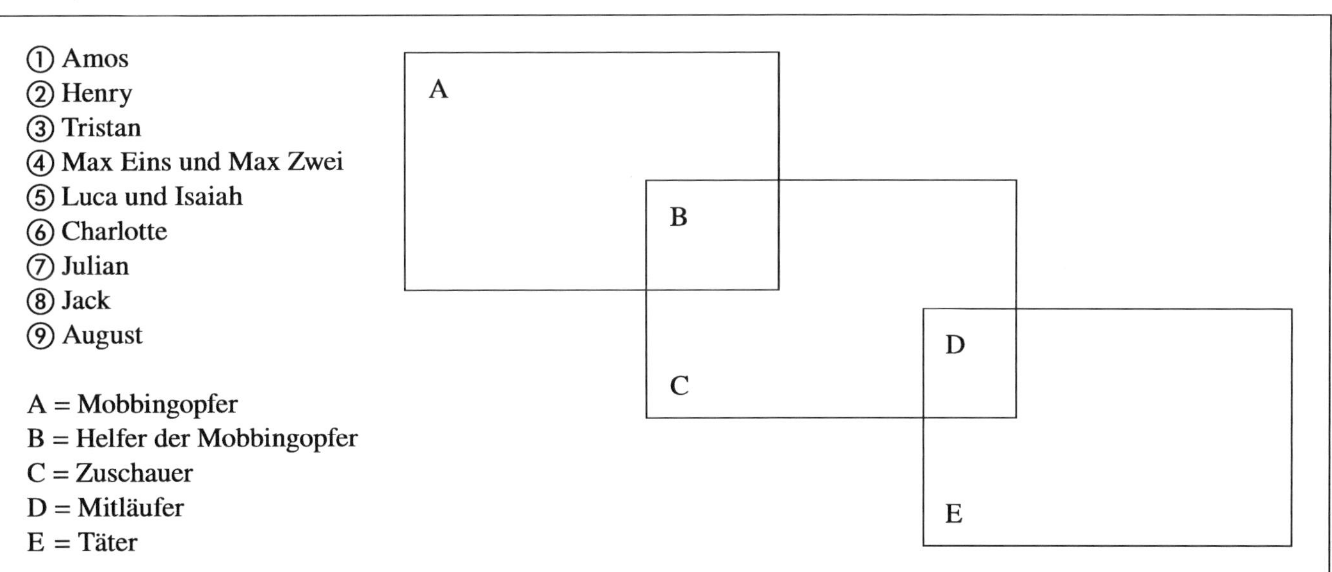

halb als Mitläufer agieren, um nicht weiteren Repressalien ausgesetzt zu sein. Gruppe E: Jack zweifelt an Charlottes Neutralität (S. 250). Sie versorgt Jack zwar mit Informationen, ergreift aber dennoch keine Partei für ihn. Damit ist Charlotte indirekt Täterin, denn sie unterstützt durch ihre nach außen hin neutrale Haltung Julian.)

Kreativ aktiv

Krieg und Frieden und ich

Nachdem sich die Schüler mit Vias persönlichen Kriegs- und Friedenszuständen auseinandergesetzt haben, stellen sie gestalterisch dar, wie Krieg und Frieden ihr eigenes Leben berühren. Verwenden Sie hierzu mindestens ein DIN-A3-Blatt. Die Jugendlichen dürfen zeichnen, malen, kleben und schreiben. Bringen Sie gegebenenfalls Zeitschriften mit, die verwertbare Bilder enthalten.

Am Ende werden alle Kunstwerke anonym aufgehängt, aber mit einer Nummer versehen. Die Schüler betrachten die Ergebnisse in einem stillen Rundgang. Zur Reflexion erhält jeder eine Wortkarte mit dem Satzanfang „Am meisten beeindruckt mich Bild …, weil …“. Die Schüler vollenden den Satz und hängen ihn ebenfalls anonym zu dem entsprechenden Bild. Nun schauen sie erneut die Ergebnisse an.

Bevor Sie diesen Arbeitsauftrag durchführen, achten Sie auf die Gegebenheiten in der Klasse. Geflüchtete Jugendliche könnten zu stark an tatsächliche Kriegserlebnisse erinnert werden, was einen besonders sensiblen Umgang mit der Thematik erfordert.

Tolstoi – kein Zufall

Es dürfte kein Zufall sein, dass Raquel J. Palacio „Krieg und Frieden“ von Tolstoi als Lektüre für Via gewählt hat. Es lassen sich mehrere formale und inhaltliche Bezüge herstellen. Anhand exemplarischer Kriterien zeigen die Schüler Gemeinsamkeiten beider Werke auf. Präsentieren Sie ihnen die Kurzinformation (siehe Kasten rechts) über die Auflichtkamera oder kopieren Sie sie als Notizzettel bzw. Arbeitsblatt.

Arbeitsaufträge:

- Lies die folgende Kurzinformation zu Leo Tolstois „Krieg und Frieden“.
- Übertrage die Aspekte auf Raquel J. Palacios „Wunder“.
- Was meinst du: Warum hat die Autorin ausgerechnet „Krieg und Frieden“ als Lektüre für Via gewählt?

Leo Tolstoi: „Krieg und Frieden“

In Leo Tolstois „Krieg und Frieden“ wird die Handlung aus mehreren Perspektiven geschildert. Der Roman bedient sich meist der personalen Erzählform, die durch Informationen des auktorialen Erzählers ergänzt wird.

Es gibt zwei Handlungsstränge, die sich abwechseln. Die Figuren zeichnen sich durch ihre verschiedenen Persönlichkeitsstrukturen und Lebensmodelle aus, die aufeinanderstoßen. Das Menschen- und Weltbild des Autors bildet das philosophische Zentrum der Handlung.

Zudem bricht Tolstoi mit dem klassischen Ideal, dass äußerliche und seelische Schönheit zusammengehören. Stattdessen vertritt er folgenden Ansatz: „Das innere Licht erleuchtet erst die menschliche Gestalt.“

Quelle: *www.wikipedia.org* (Stand vom 15. 7. 2020)

„You are beautiful“

Der Refrain in Christina Aguileras Song „Beautiful“ kommt insgesamt dreimal vor. Die Besonderheit besteht darin, dass sich das Personalpronomen verändert: Zunächst heißt es „I am beautiful“, dann „You are beautiful“ und letztlich „We are beautiful“. Im Roman ist die mittlere Version des Refrains abgedruckt (S. 173). Das Lied und den Text (mit deutscher Übersetzung) finden Sie im Internet.

Arbeitsaufträge:

- „You are beautiful“ – „Du bist wunderschön“: Auf welche Weise kann man „schön sein“? Äußere deine Ideen. („Schön sein“ kann auf das äußere Erscheinungsbild, aber auch auf den Charakter und die inneren Werte verweisen.)
- Bezieht sich das „Du“ im Kapiteleingangszitat auf Summer oder auf Auggie? Sammelt jeweils Textbelege auf den Seiten 175 bis 182 und legt eine Tabelle an. Wie lautet euer Resümee? (aufgabenverschiedene Partnerarbeit, Anlage der Tabelle und Lösungsvorschlag: siehe S. 33)
- Hört euch das Lied an und achtet auf den Refrain. Er verändert sich: Das Personalpronomen wechselt vom

„Ich“ über das „Du“ zum „Wir“. Was will Christina Aguilera vermutlich damit ausdrücken?
(Jeder Mensch ist auf seine eigene Art „schön“. Das Lied macht Mut, zu sich selbst zu stehen und sich nicht von anderen angreifen zu lassen. Der Wechsel des Personalpronomens weist auch auf eine Beziehung zwischen einem „Ich“ und einem „Du“ hin. Sie werden zum „Wir“. Das ist eine Parallele zur Entwicklung der Freundschaft zwischen Summer und August: Aus „Ich“ (Summer) und „Du“ (August) wird ein „Wir“.)

- Interpretiere die drei Liedstrophen vor Auggies Hintergrund. (aufgabenverschiedene Gruppenarbeit, Lösungsvorschlag: siehe unten)

Anlage der Tabelle und Lösungsvorschlag:

	„Du bist wunderschön“	„Worte können dir nichts anhaben“
Summer	äußere Schönheit: „Alle finden dich [...] richtig, richtig hübsch.“ (S. 181) innere Schönheit: „Weil er nett ist. Und nenn ihn nicht so.“ (S. 175) „Ist doch keine große Sache.“ (S. 175)	„Wo ist denn dein Lover, Summer? [D]er muss an Halloween keine Maske aufsetzen, was?“ (S. 180) „Du, wir wollen echt gern wissen, warum du so viel mit dem Zombie abhängst.“ (S. 181)
Auggie	äußere Schönheit: – innere Schönheit: „ziemlich nett“, „lustig“ (S. 177)	„Julian hatte ihm den Spitznamen ‚Zombie‘ gegeben, und so nannten ihn dann auch alle.“ (S. 176)
Resümee	Mit „Du“ können sowohl Summer als auch Auggie gemeint sein: Entweder beschreibt die Autorin Summer mit dem Zitat, denn Summer ist „schön“, weil sie sich freundlich verhält. Oder Summer schildert als Erzählerin des Kapitels ihre Sicht auf Auggie. Sie hat seine „innere Schönheit“ erkannt.	

Lösungsvorschlag zur Interpretation:

- Strophe 1: Auggie wird in der Schule gedemütigt und will deshalb nicht mehr hingehen (S. 169). Ihm bleibt sprichwörtlich die Luft weg, er kann nicht mehr atmen. Er schämt sich für sein Aussehen.
- Strophe 2: Auggie ist „erschöpft“ von seinem Schicksal. Er muss damit leben. Er versucht zwar, ein normales Kind zu sein, doch er schafft es nicht, da sein Äußeres nicht veränderbar ist. Dieses „Puzzleteil“ wird immer fehlen.
- Strophe 3: Überall in der Welt findet man auch Gutes. Die Sonne wird für August scheinen. Er soll das Leben genießen, bevor es vorbei ist, und glücklich sein, dass er trotz seiner Einschränkungen leben darf.

Einmal Himmel und zurück?!
Beschriften Sie drei DIN-A3-Blätter mit jeweils einer der folgenden Aussagen:

- „Nach dem Tod kommen Menschen in den Himmel. Dort bleiben sie.“
- „Nach dem Tod kommen die Seelen zuerst in den Himmel, dann werden sie in einem neuen Körper wiedergeboren.“
- „Nach dem Tod passiert nichts. Man ist einfach weg.“

Präsentieren Sie die Plakate im Klassenzimmer. Jeder Schüler bekommt einen Klebepunkt. Alle stehen gleichzeitig auf, lesen die drei Aussagen und positionieren sich anonym zu der Meinung, die ihrer eigenen am nächsten ist.

Führen Sie die Punktabfrage am Ende der Unterrichtsstunde erneut durch. Anhand andersfarbiger Klebepunkte lässt sich erkennen, ob einzelne Schüler ihre Meinung aufgrund von Summers Ausführungen über das Jenseits geändert haben.

Das „Auggieversum“

Via erklärt ihre Familienkonstellation mithilfe eines Planetensystems. Sie hat sich daran gewöhnt, „wie dieses Universum funktioniert“ (S. 123).

1. Verorte die Figuren mithilfe von Pfeilen im Planetensystem. Orientiere dich an Vias Beschreibungen auf den Seiten 123 bis 125 und ergänze das Schaubild durch eigene Interpretationen.

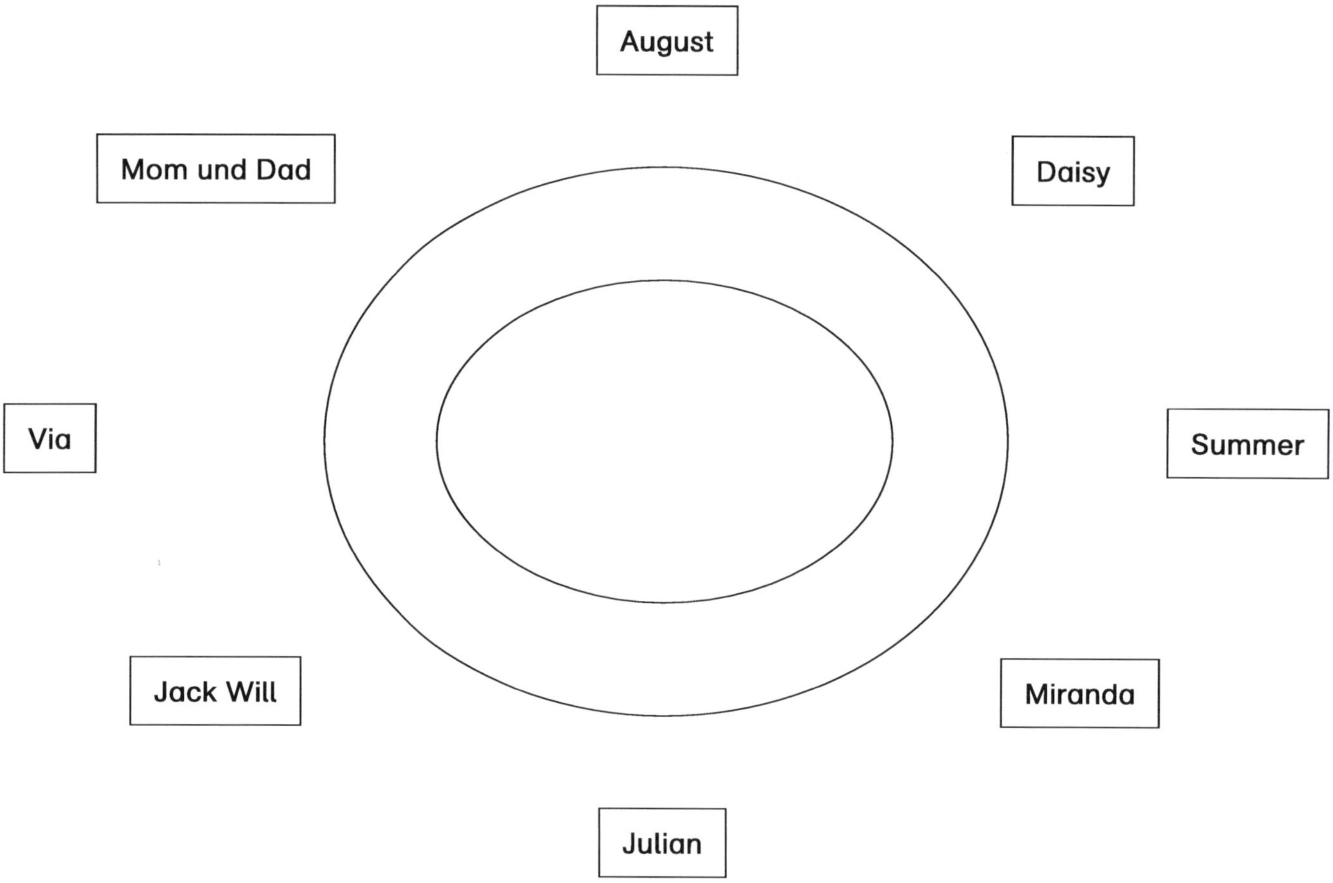

August

Mom und Dad

Daisy

Via

Summer

Jack Will

Miranda

Julian

2. Formuliere fünf Auffälligkeiten, die im Schaubild sichtbar werden.

Via stellt fest: „In diesem Jahr aber scheint es eine Verschiebung im Kosmos zu geben. Die Galaxie verändert sich. Die Planeten fallen aus ihrer Konstellation.“ (S. 125)

3. Argumentiert, inwiefern Vias Einschätzung zutrifft.

Ein Engel für Via

Während Auggies großer Kieferoperation verbringt Via vier Wochen bei ihrer Großmutter. Grans nimmt eine bedeutende Rolle in Vias Leben ein.

1. Notiere acht Textbelege, die Vias „beste Zeit" verdeutlichen (S. 128 / 129). Beschreibe mit mindestens drei Begriffen das Lebensgefühl, das durch Vias Erinnerungen hervorgerufen wird.

Vias „beste Zeit":

Lebensgefühl:

2. Grans sagt, dass Auggie „sehr viele Engel" (S. 131) habe.

a) Notiere Auggies Engel und Vias Engel.
b) Triff jeweils eine Aussage zu Grans' Verhältnis zu ihren Enkeln.
c) Erkläre, warum Grans ein Engel für Via ist. Vervollständige den Satz.

Auggies Engel: ______

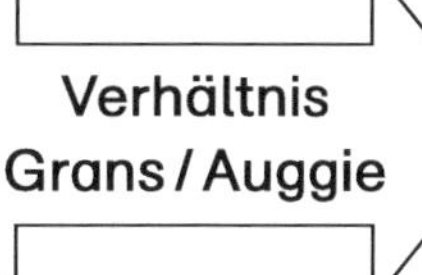

Vias Engel: ______

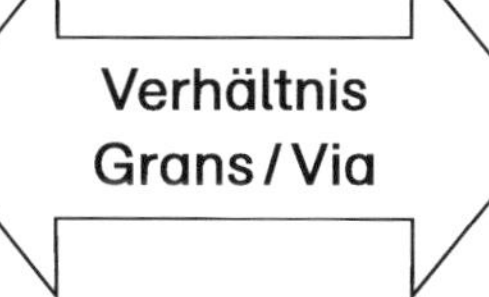

Grans ist Vias Engel, weil ______

3. Findest du es in Ordnung, dass Grans Via bevorzugt? Begründe deine Meinung.

Ein Leben in „Krieg und Frieden“

Der Wechsel an die Highschool bringt Veränderungen in Vias Leben. Auch zu Hause bleiben Konflikte und Enttäuschungen nicht aus.

1. Via liest den Klassiker „Krieg und Frieden“ von Leo Tolstoi.

a) Beantworte die Fragen in der Tabelle.
b) An welchen Stellen befindet sich Via im Gefühlszustand „Krieg“ (rot), an welchen Stellen im Gefühlszustand „Frieden“ (grün)? Markiere deine Einträge in der Tabelle.
c) Vergleiche die Markierungen. Was stellst du fest? Notiere.

	Seite 147 / 148	Seite 150 – 153
In welcher Situation befindet sich Via?		
Welche Intention verbirgt sich hinter Dads Stellungnahme zu Vias Lektüre?		
Welches Gefühl hat Via gegenüber ihrer Mutter?		

Feststellung: ____________________

____

2. Via lebt in einem ständigen Konflikt mit ihrer Mutter und ringt um Anerkennung. Trotzdem bringt sie Verständnis für die familiäre Situation auf und ist am Familienfrieden interessiert. Belege Vias Verständnis anhand zweier Textstellen.

S. 148: ____________________

S. 151: ____________________

3. Lies die Seiten 159 und 160. Beziehe die Überschrift des Arbeitsblatts aus Vias Perspektive auf die Themen „Freundschaft“ und „Liebe“.

Willkommen in der Wirklichkeit

Nach dem Halloween-Erlebnis möchte Auggie nicht mehr zur Schule gehen.

1. Beschreibe die Gesprächstaktiken von Via und Auggie anhand der Zitate im Schaubild. Notiere auch, welche Versprechen sie sich am Anfang bzw. Ende geben.

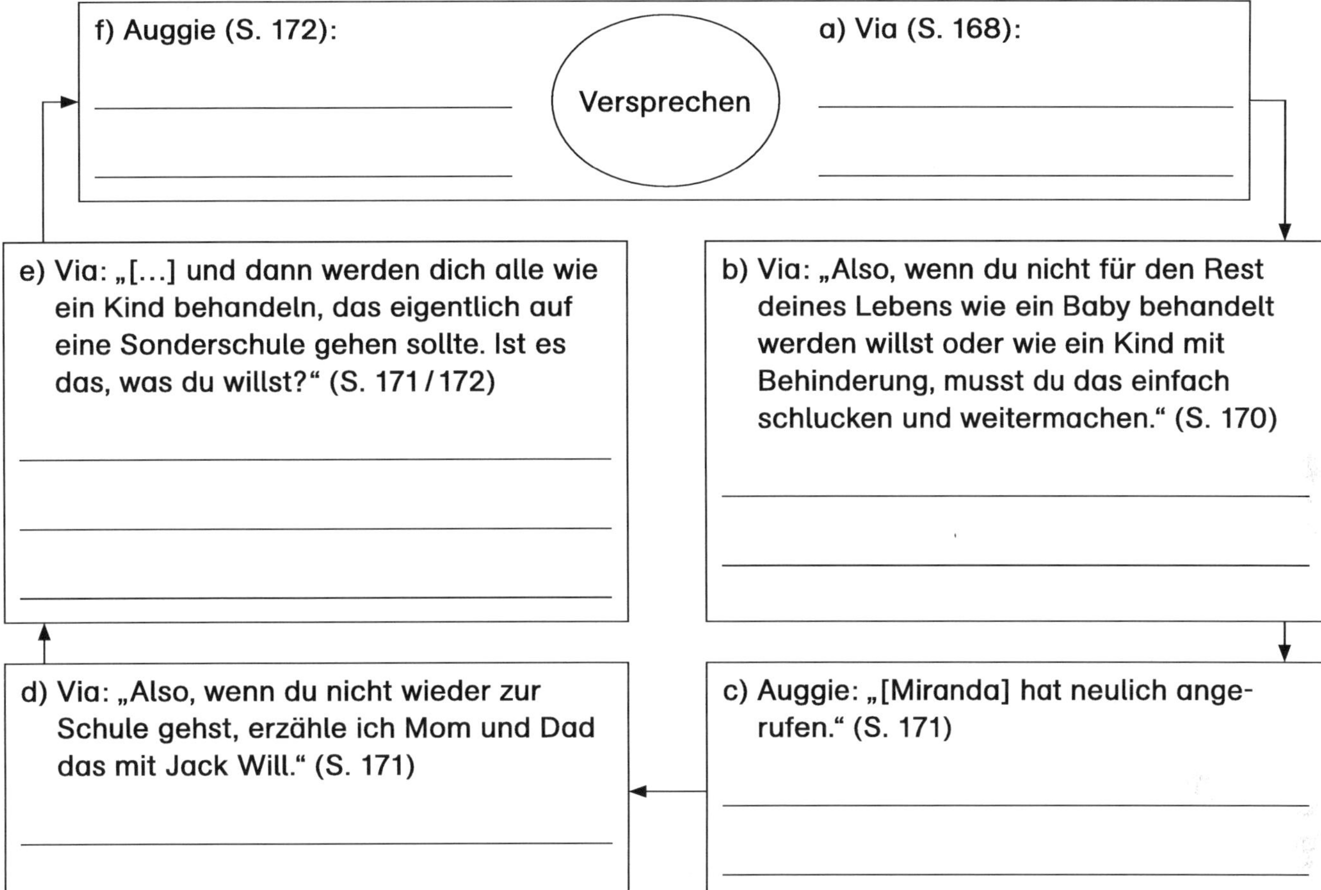

2. Warum möchte Via unbedingt, dass Auggie weiterhin die Schule besucht? Notiere.

____

3. Via und Auggie könnten sich ihrer Mutter anvertrauen. Welchen Wunsch verbinden die beiden mit dieser Möglichkeit, welche Wirklichkeit erleben sie? Schreibe auf. Was stellst du über das Verhältnis von Wunsch und Wirklichkeit fest? Sprecht darüber.

Wunsch	Sich Mom anvertrauen?	Wirklichkeit
S. 162:	Via könnte sagen: „Mom, ich leide darunter, dass Miranda und Ella mich ignorieren.“	S. 162:
S. 168:	Auggie könnte sagen: „Mom, ich leide darunter, dass Jack so gemein zu mir ist.“	S. 172:

Durch „Zombie“ infiziert

Bereits am ersten Schultag setzt sich Summer in der Mittagspause an Auggies Tisch. Dieses Verhalten hat Auswirkungen auf den Umgang der anderen Kinder mit Summer.

1. Sprich zunächst mit einem Partner darüber, welchen Anfeindungen Auggie ausgesetzt ist (S. 175–178).

2. Summer nennt Gründe, warum sie Kontakt zu Auggie hat.

a) Bringe die Zitate in eine zeitlich logische Reihenfolge. Nummeriere von 1 bis 4.

S. 175: „Nein, ich bin mit ihm befreundet, weil ich mit ihm befreundet sein möchte.“ ◯

S. 175: „Ich habe mich am ersten Tag zu ihm gesetzt, weil er mit leidtat.“ ◯

S. 177: „Ich sollte wohl auch noch sagen, dass er mir gar nicht mehr groß leidtut.“ ◯

S. 177: „Ich bin bei ihm sitzen geblieben, weil es lustig ist mit ihm.“ ◯

b) Beschreibe den Verlauf der Freundschaft in einem Satz.

____

____

3. Summer ist zu Savannas Halloween-Party eingeladen. Erläutere den Konflikt, dem Summer ausgesetzt ist. Wie entscheidet sie sich letztlich? Lies die Seiten 179 bis 182.

Konflikt: ______________________________

____

____

Entscheidung: ______________________________

____

4. Summer ist durch Auggie infiziert: Sie hat die „Pest“. Das Wort „infizieren“ ist negativ besetzt.

a) Was bedeutet das Wort „infizieren“ eigentlich? Finde Synonyme.

____

b) Beschreibe aus Summers Perspektive, inwiefern sie von Auggie infiziert ist.

____

____

Im nächsten Leben: gut aussehend

August ist zu Besuch bei Summer, um ein Schulprojekt vorzubereiten. Sie unterhalten sich über den Tod, das Leben danach und über Auggies Gendefekt.

1. Obwohl Auggie schon häufig operiert wurde, denkt er nicht viel über den Tod nach (S. 189). Was führt dazu, dass sich Summer intensiv mit diesem Thema auseinandersetzt?

____

2. In den Religionen existieren verschiedene Jenseitsvorstellungen. Lies die Kurzinformationen und die Seite 189 im Roman. Markiere in zwei Farben: Welche Jenseitsvorstellung passt am besten zu Auggie, welche zu Summer?

Judentum: Nach dem Tod kommt man unter die Erde und von dort in die Unterwelt.	*Christentum:* Nach dem Tod kann man in den Himmel kommen. Es gibt ein ewiges Leben.	*Islam:* Nach dem Tod kann man ins Paradies kommen. Es gibt ein ewiges Leben.

Buddhismus/Hinduismus: Nach dem Tod kann man wiedergeboren werden und zurück auf die Erde kommen.	*Atheismus:* Mit dem Tod ist das Leben vorbei. Danach ist nichts.

3. Summers Jenseitsvorstellung birgt eine besondere Hoffnung für August (S. 189/190).

a) Welche Hoffnung hat Auggie?

____

b) Beschreibe, wie diese Hoffnung durch Summer begründet ist.

____

____

____

c) Wie stellt sich August sein eigenes Erscheinungsbild im „nächsten Leben" vor?

____

d) Zeige anhand von drei Adjektiven auf, wie sich die Stimmung zwischen Summer und Auggie durch das Gespräch über den Tod verändert.

__________ → __________ → __________

4. Diskutiert, warum sich Summer gerade jetzt traut, Auggie nach seiner Krankheit zu fragen (S. 190).

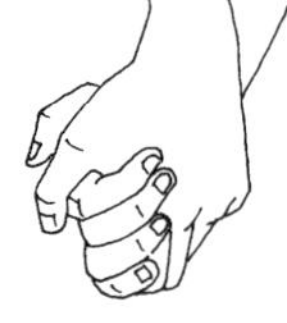

Nur ein „Willkommens-Kumpel"?

Jack Will erzählt, wie sein Verhältnis zu August begonnen und wie es sich entwickelt hat.

1. Amanda Will versucht vergeblich, Jack mithilfe zahlreicher Argumente davon zu überzeugen, August die Schule zu zeigen. Welches Ereignis führt dazu, dass Jack seine Meinung letztlich ändert (S. 204–207)?

____

____

____

2. Versetze dich in Jack hinein. Formuliere seine wichtigste Erkenntnis.

Ich habe mich für die Schulhausführung entschieden, weil

____

____

____

3. Nach dem Halloween-Erlebnis denkt Jack über seine Freundschaft zu Auggie nach. Erstelle eine Liste mit Punkten, die für bzw. gegen die Freundschaft sprechen. Lies hierzu die Seiten 208 bis 213. Ergänze die Liste mit eigenen Ideen.

Pro:	Kontra:

4. Vergleicht das Ergebnis mit dem, was Summer über ihre Freundschaft zu Auggie feststellt. Schaut hierzu auf dem Arbeitsblatt „Durch ‚Zombie' infiziert" oder auf den Romanseiten 175 bis 177 nach. Ist Jack nur ein „Willkommens-Kumpel"?

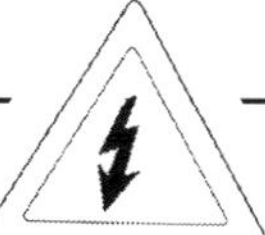

Reden hilft

Jack Will schlägt Julian einen Zahn aus, worauf ein Schulausschluss folgt. In dieser Zeit kommunizieren die Beteiligten auf unterschiedlichen Wegen über den Vorfall.

1. Lies die Seiten 234 bis 243. Gestalte ein Kommunikationsnetz, indem du die Figuren miteinander verbindest. Zeichne hierzu beschriftete Pfeile ein und nummeriere die Schriftstücke entsprechend der zeitlichen Abfolge.

Brief/E-Mail/Facebook-Anfrage/SMS — cc (E-Mail) — Gespräch

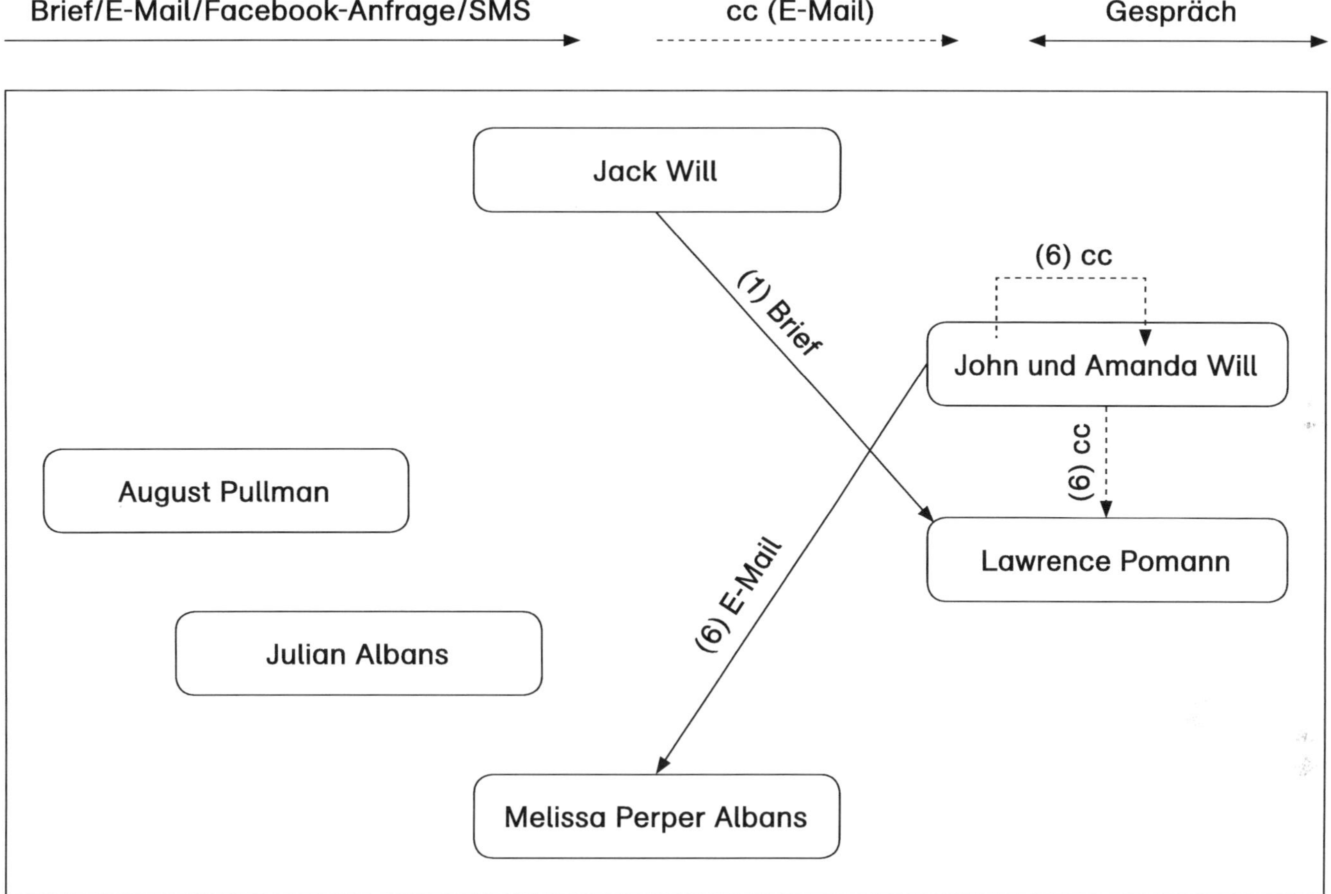

2. Ordne die Figuren und Figurengruppen den verschiedenen Arten der Kommunikation zu.

a) Direkte, beidseitige Kommunikation: ______________________

____

____

____

b) Direkte, einseitige Kommunikation: ______________________

c) Indirekte, beidseitige Kommunikation: ______________________

3. Wähle eine Konstellation aus Aufgabe 2a. Beschreibe das Ergebnis der Kommunikation in deinem Heft.

Und täglich grüßt ein Mobber

Jack Will erfährt nach seinem Einsatz für Auggie, wie es ist, ausgrenzt zu werden.

1. Gestalte ein „Mobbingbarometer", das Jack Wills Ausgrenzung bildlich darstellt.

a) Trage die Zeitangaben von unten nach oben im Schaubild ein. Ordne dann den passenden Ort zu.

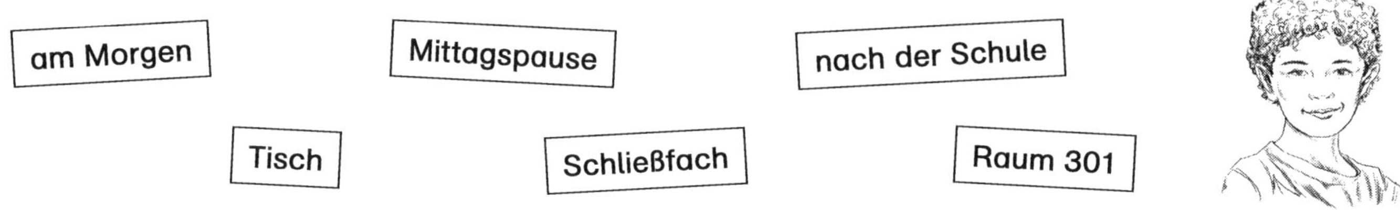

b) Ergänze die Zeit- und Ortsangaben jeweils durch ein passendes Zitat aus dem Roman. Lies dafür noch einmal die Seiten 244 bis 247.

Zeit: __________________

Ort: __________________

Zeit: __________________

Ort: __________________

Zeit: __________________

Ort: __________________

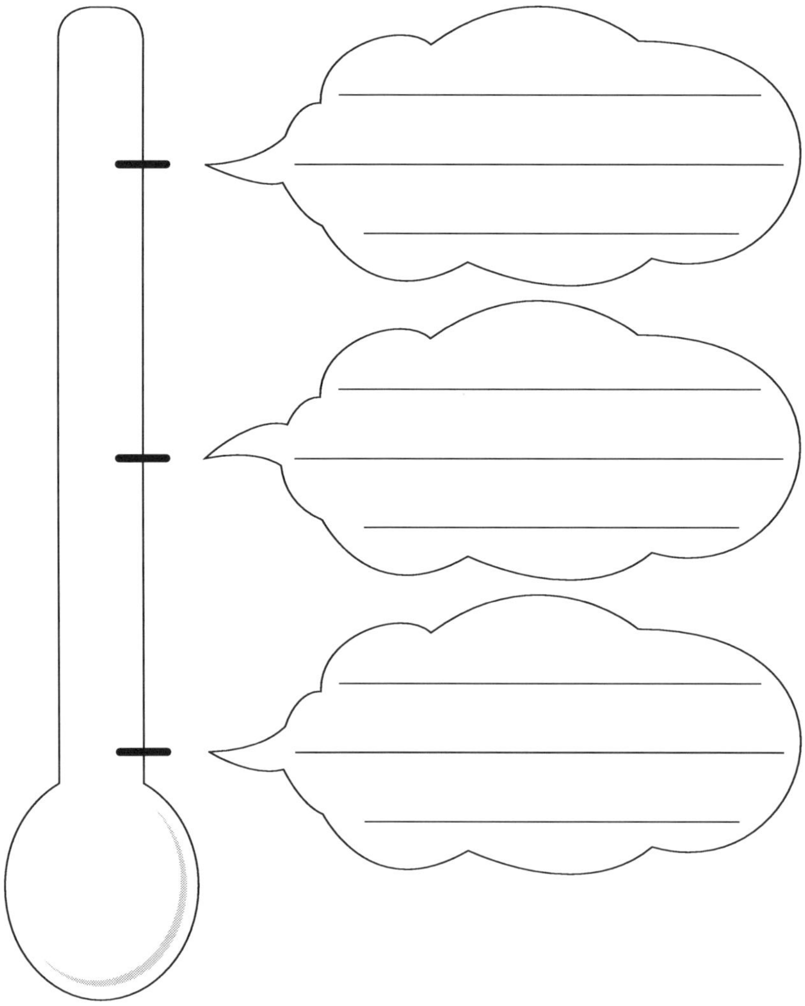

Charlotte erklärt: „Julian sagt jedenfalls, dass er glaubt, dass du vor die Hunde gehst, weil du mit Auggie befreundet bist, und dass du zu deinem eigenen Besten aufhören solltest, so viel mit ihm abzuhängen." (S. 248)

2. Wie rechtfertigt Julian sein Verhalten gegenüber Jack Will? Sprecht darüber.

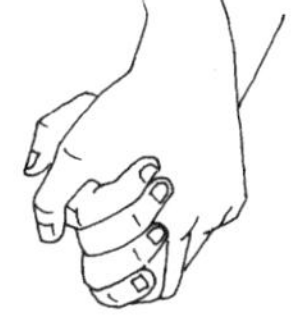

so tickt justin

Justin lernt das soziale Umfeld von Olivia kennen.

1. Justin weist Symptome einer einfachen motorischen Tick-Erkrankung auf.

a) Beschreibe, wann und wie sich seine Ticks äußern (S. 271).

Situationen (allgemein): ______________________________

Situation (konkret): ______________________________

Symptome: ______________________________

b) „als ich dann irgendwann nach hause gehe, sind all meine ticks verschwunden." (S. 275) Begründe, warum Justins Symptome im Laufe des Abends nachlassen. Vergleiche hierzu zunächst Justins und Vias Familie. Notiere wesentliche Merkmale.

Justins Familie	Vias Familie

→ Justins Symptome verschwinden im Laufe des Abends, weil ______________________________

____

2. Beschreibe mit wenigen Worten, wie Justin folgenden Figuren begegnet. Belege deine Einschätzung, indem du die Seitenzahl und ein Stichwort zur Romanhandlung angibst. Lies die Seiten 267 bis 293.

Auggie

____

Via

____

Justin

Jack

____

Miranda

____

Inhalt

6. Teil: August

Der Nordpol (S. 297–299)
Bei der Präsentation der Wissenschaftsprojekte kommen die Eltern an die Schülertische. Auggie vergleicht ihre Blicke mit Kompassnadeln, die immer nach Norden zeigen. Er sieht sich dabei als Nordpol, auf den sich die Augen richten.

Die Auggie-Puppe (S. 300–303)
In der Schule mobben einige Schüler Jack. Nach und nach wenden sich Julians Anhänger jedoch von ihm ab und verhalten sich neutral. Auggie bekommt von einer Mitschülerin einen Schlüsselanhänger und eine freundliche Nachricht überreicht.

Lobot (S. 304–307)
Da sich Auggies Gehör zunehmend verschlechtert, soll er Hörgeräte tragen. Er lehnt sie wegen ihres auffälligen Aussehens ab. Der Ohrenarzt nutzt Auggies Vergleich der Hörgeräte mit Lobot aus „Star Wars“, um ihn für die Hilfsmittel zu gewinnen.

Helles Hören (S. 308–310)
Als Dr. James die Hörgeräte anstellt, hört Auggie „heller“ und die Geräusche klingen leichter. Anders als angenommen, ist die Reaktion in der Schule positiv. Rückblickend kann Auggie seine Befürchtungen nicht verstehen.

Vias Geheimnis (S. 311/312)
Auggie erzählt von einem Streit zwischen seiner Schwester und seiner Mutter. Mrs. Pullman ist verärgert, da Via ihre Mitwirkung am Schultheaterstück verschwiegen hat. Via wiederum versteht das plötzliche Interesse nicht. Immerhin habe ihre Mutter sie ihr ganzes Leben in Ruhe gelassen.

Meine Höhle (S. 313–316)
Mrs. Pullman beschließt, dass Vias Vater mit zur Aufführung kommen wird. Sie bleibt mit Auggie zu Hause. Via reagiert enttäuscht auf diese Entscheidung, doch Mrs. Pullman möchte die Gefühle aller berücksichtigen. Auggie versteht, dass dies mit ihm zu tun hat, und zieht sich zurück. Er wartet vergeblich, dass seine Mutter nach ihm sieht. Schließlich betritt Via das Zimmer.

Abschied (S. 317–319)
Via teilt Auggie mit, dass Daisy krank sei und Mom sie zum Tierarzt bringe. Da Mrs. Pullman nicht weiß, ob der Tierarzt helfen kann, schlägt sie vor, sich von der Hündin zu verabschieden. Als die Mutter mit dem Taxi wegfährt, weinen Via und Auggie.

Daisys Spielsachen (S. 320–323)
Auggie und Via legen Daisys Spielsachen auf den Wohnzimmertisch und unterhalten sich mit Justin, der kurz darauf eintrifft, über die Krankheitssymptome. Einige Zeit später kommen Mrs. und Mr. Pullman ohne Daisy nach Hause. Der Tierarzt hat sie eingeschläfert. Die Familie trauert und Auggie erinnert sich beim Zubettgehen an Daisys Zuneigung.

Im Himmel (S. 324/325)
Auggie fragt Mom, ob Daisy bei der Großmutter im Himmel sei. Ihn interessiert, ob sich dort das Aussehen verändert. Mrs. Pullman glaubt, dass es im Himmel um Emotionen geht, nicht um Sichtbares. Daraufhin denkt Auggie darüber nach, wie es sich wohl anfühlt, wenn sein Gesicht eines Tages irrelevant ist.

Die Zweitbesetzung (S. 326–329)
Familie Pullman besucht gemeinsam Vias Aufführung. Als das Theaterstück beginnt, stellt August fest, dass seine Schwester auf der Bühne Mirandas Rolle spielt.

Das Ende (S. 330–334)
Das Publikum reagiert ergriffen und würdigt die Schauspielleistung mit einem anhaltenden Applaus. Die Eltern erfahren, dass Via im letzten Moment für Miranda eingesprungen ist. Als Auggie seine Familie im Trubel aus den Augen verliert, tippt ihm Miranda auf die Schulter und umarmt ihn.

Unterrichtsschwerpunkte

- Sachverhalte erläutern und reflektieren
- Hintergründe erschließen
- Überzeugungen vertreten
- Angst und Wut überwinden

Zu den Kopiervorlagen

Auggie bekommt was auf die Ohren
Als Einstieg in die Unterrichtsstunde bietet sich die Partnerübung „Gehört – gestört“ zur Sinneswahrnehmung an. Die Beschreibung finden Sie in der Rubrik „Kreativ aktiv“ (siehe S. 47). Leiten Sie danach zum Arbeitsblatt über. In Aufgabe 1 ermitteln die Schüler die zutreffenden Aussagen aus den Kapiteln „Lobot“ und

„Helles Hören“ (S. 304–310). Diese erste Orientierung erleichtert die Bearbeitung der folgenden Arbeitsaufträge. In Aufgabe 2 identifizieren die Schüler die Überzeugungsstrategie des Arztes und die Bereicherung durch das bessere Hören für Auggie. Abschließend wägen die Schüler ab, ob die Ängste der Hauptfigur berechtigt waren.

Lösung

Aufgabe 1:

1. Auggie hat empfindliche Ohren.	X
2. Sein Gehör verschlechtert sich zunehmend.	X
3. Auggie besteht den Hörtest nicht.	X
4. Seine Ohren mag Auggie am meisten.	
5. Hörgeräte lehnt Auggie ab.	X
6. Weil er mit den Hörgeräten wie Lobot (...).	
7. Als der Arzt die Hörgeräte anstellt (...).	X
8. Auggies Mitschüler hänseln ihn (...).	

korrigierte Aussagen:

4. Von all seinen Gesichtsmerkmalen hasst Auggie seine Ohren am meisten (S. 304).
6. Auggie hat feuchte Augen. Er hasst die Hörgeräte. Diese helfen seiner Ansicht nach nicht (S. 306 f.).
8. Keiner seiner Mitschüler zieht Auggie wegen seiner Hörgeräte auf (S. 309).

Aufgabe 2:

Der Arzt greift Auggies Vergleich mit Lobot aus „Star Wars“ auf und betont, wie cool die Figur sei. Auggie bleibt skeptisch, bis Dr. James die Geräte anstellt. Damit ist der Junge überzeugt, denn er kann deutlich besser hören.

Aufgabe 3:

z. B. Auggies Angst war berechtigt, weil ...

- die Optik der Hörgeräte abschreckend wirkt (S. 305).
- sie sich zudem unbequem anfühlen (S. 306).
- er dachte, dass die Hilfsmittel nichts nützen (S. 307).

z. B. Auggies Angst war nicht berechtigt, weil ...

- er jetzt „hell“ (S. 308) und „leichter“ (S. 309) hört.
- die Mitschüler die Hörgeräte in der Schule nicht auf negative Weise thematisieren.
- Jack ihn humorvoll mit einem „FBI-Agent[en]“ (S. 309) vergleicht.
- der Englischlehrer Auggie zur Nachfrage ermutigt, sollte er etwas akustisch nicht verstehen (S. 310).

Letztlich sieht Auggie ein, dass er sich zu Unrecht Sorgen gemacht hat.

Auf welcher Seite stehst du eigentlich?

Beginnen Sie die Unterrichtsstunde mit dem Gesprächsanlass „Mom antwortet“ (siehe S. 47). Leiten Sie dann zu Aufgabe 1 auf dem Arbeitsblatt über, in der die Schüler zuerst die vier offensichtlichen Hauptkonflikte benennen, die derzeit in der Familie Pullman bestehen. Im nächsten Schritt übertragen sie ihre Feststellung in eine bildliche Darstellung, wodurch das Beziehungsgeflecht verdeutlicht wird. In vielen Streitfällen schwingen versteckte Konflikte mit, die die Beteiligten nicht direkt zum Ausdruck bringen. Dies macht ein Abbildungsvergleich verständlich (Aufgabe 1c). Die Schüler bemerken, dass es lohnenswert ist, in Streitfällen auch hinter die Fassade zu blicken, wenn ein ernsthaftes Interesse an der Entstehung und Auflösung des Konflikts besteht. Neben offensichtlichen Streitfeldern erschweren innere Konflikte das Zusammenleben und das Treffen von Entscheidungen. Am Beispiel von Mrs. Pullman vollziehen die Schüler dies in Aufgabe 2 nach. Im Anschluss fördert Aufgabe 3 die Urteilskompetenz und das Argumentationsvermögen.

Beenden Sie die Unterrichtsstunde mit einem kreativen Element. Nutzen Sie hierzu die Idee „Ich stellte mir vor ...“ aus der Rubrik „Kreativ aktiv“ (siehe S. 48).

Lösung

Aufgabe 1:

a)

- Via vs. Mom: Die Familie soll nicht mit zur Aufführung.
- Via und Mom vs. Auggie: Auggie soll zu Hause bleiben.
- Via vs. Mom: Nur Dad geht zur Aufführung, Mom bleibt bei Auggie. Via fühlt sich bestraft.
- Via und Mom vs. Auggie: Auggie fühlt sich belogen.

b)

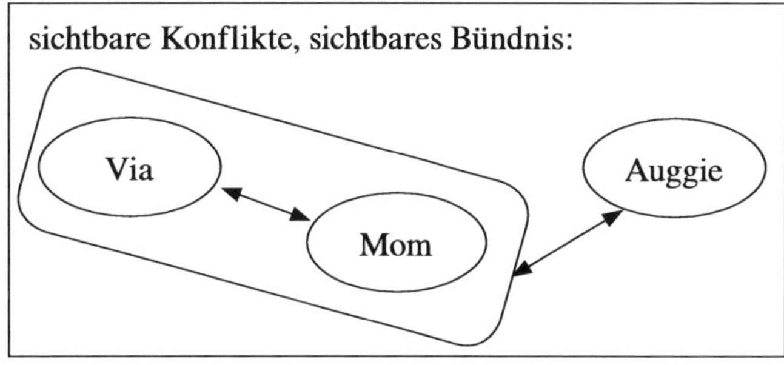

c) Das Schaubild zeigt, dass es neben den sichtbaren Konflikten auch versteckte gibt und neben dem sichtbaren Bündnis auch ein verstecktes existiert. Dieses bilden Auggie und Mom. Versteckte Konflikte:

- Via vs. Auggie: Gäbe es Auggie nicht, wäre Via gar nicht in der Situation, ihre Familie nicht zur Aufführ-

rung mitnehmen zu wollen. Auggie verhindert einen engen Kontakt zwischen Via und ihrer Mutter.
- Via vs. Auggie und Mom: Mom entscheidet, dass Dad allein zur Aufführung gehen soll. Sie selbst möchte bei Auggie bleiben. Mit diesem Kompromiss ist Via nicht einverstanden. Sie wünscht sich, dass ihre Mutter mehr an ihrem Leben teilnimmt.

Aufgabe 2:
„Wenn wir Auggie mitnehmen, handeln wir gegen Vias Wunsch. Lassen wir ihn zu Hause, schützen wir sie, aber verletzen Auggie. Ein Kompromiss wäre es, wenn Nate und ich uns aufteilen."

Entscheidung: Mrs. Pullman bleibt mit Auggie zu Hause, ihr Mann geht zur Aufführung.

Aufgabe 3:
z. B.
- Mom steht Auggie näher, weil sie alles dafür tut, ihn vor Anfeindungen von außen zu schützen.
- Mom steht Auggie näher, weil sie lieber mit ihm zu Hause bleibt, als ihn allein zu lassen und die Aufführung anzuschauen.
- Mom steht Auggie näher, weil er ihre Lebensaufgabe darstellt.
- Mom steht Via näher, weil sie versucht, einen Kompromiss zu finden, indem sie ihren Mann zur Aufführung schickt.
- Mom steht Via näher, weil sie Via und ihr Ansehen in der Schule schützt, indem sie mit Auggie zu Hause bleibt.
- Mom steht Auggie und Via gleich nah, weil sie um das Wohlbefinden beider Kinder bemüht ist.

KV Seite 51

Goodbye, Daisy!
Trauern ist eine natürliche Methode, um einen Verlust zu verarbeiten. Sie durchläuft nach Verena Kast in der Regel verschiedene Phasen. Ihr Trauerphasen-Modell bildet die Grundlage der ersten Aufgabe auf dem Arbeitsblatt. Die Schüler analysieren Augusts Trauerverhalten kurz vor und nach dem Tod seiner Hündin mithilfe des Schemas. Hierzu bietet sich ein arbeitsteiliges Vorgehen an, beispielsweise die Methode „Gruppenpuzzle" (siehe Kasten auf S. 47). Gehen Sie auch auf die Pfeile zwischen den Phasen ein. Sie verdeutlichen, dass Trauerarbeit nicht in einer festgelegten Reihenfolge verläuft und ein Hin- und Herwechseln zwischen den Phasen möglich ist.

In Aufgabe 2 interpretieren die Schüler die sich wandelnde Bedeutung des Stapels mit Daisys Sachen. Dabei werden, wie auch in Aufgabe 3, religiöse Elemente sichtbar. Die Jugendlichen nehmen wahr, dass der Tod sowohl mit Trauer als auch mit Hoffnung in Verbindung stehen kann.

Abschließend bietet sich der Schreibanlass „Ein Nachruf für Daisy" zur Bearbeitung an (siehe S. 47). Die Schüler verfassen einen emotional geprägten Text.

Lösung
Aufgabe 1:
Phase: Nicht-wahrhaben-Wollen
- S. 317: „Was meinst du mit verabschieden?"
- S. 317: „Der Tierarzt macht, dass es ihr wieder besser geht, oder?"
- S. 318: „Nein!", „Bitte, nicht, Mommy." (Auggie will sich nicht verabschieden und versperrt den Weg.)
- S. 321: „Aber ich wusste doch nicht, dass sie krank war!" (Verdrängung der Tierarztbesuche)

Phase: Aufbrechende Emotionen
- S. 319: „Mach's gut, mein Mädchen ..."
- S. 319: „[...] während wir nicht aufhören konnten zu weinen."

Phase: Suchen und Sich-Trennen
- S. 320: „Aus irgendeinem Grund hatten Via und ich alle Spielsachen von Daisy im Haus zusammengesucht und sie auf den Couchtisch gelegt. Nun starrten wir bloß den Haufen an." (Auggie stellt Via Fragen zu Daisys Verhalten. Er will alles ganz genau wissen.)
- S. 322: „Wir setzten uns alle ins Wohnzimmer um den Stapel mit Daisys Spielsachen herum. Dad erzählte uns, was im Tierkrankenhaus passiert war [...]."

Phase: Neuer Selbst- und Weltbezug
- S. 323: „[...] und stellte mir vor, wie Daisy mit mir kuschelte, wie ihre große, feuchte Zunge mein ganzes Gesicht ableckte [...]. Und so schlief ich ein."
- S. 325: „Mommy, ist Daisy jetzt bei Grans? [...] Sind sie im Himmel? [...] Und ich fragte mich, ob auch Daisy in diesem Moment im Himmel schlief."

Aufgabe 2:

- S. 320: „Ort der Hoffnung“, Stapel als Erinnerungsmöglichkeit, ähnelt einem Altar
- S. 322: „Ort der Trauer“, Gedenkstätte

Aufgabe 3:

Hätten die Menschen keine Augen, könnten sie Auggies Gesicht nicht sehen. Sie würden ihn wegen seines Charakters, wegen seines Inneren lieben. So beschreibt die Mutter den Himmel. Dort gibt es nur Liebe. Auggie stellt sich vor, wie das Leben im Himmel ist, wo sein Gesicht keine Bedeutung hat, so wie es für Daisy nie eine Rolle gespielt hat (S. 325). Dies ist ein Grund für Auggies Liebe zu Daisy. Die Jenseitsvorstellung „Himmel“ birgt somit eine Hoffnung auf Liebe und Frieden für Auggie.

Gruppenpuzzle

Das Gruppenpuzzle ist eine Form der Gruppenarbeit, die aus Experten- und Mischgruppen besteht. Zuerst bilden sich Expertenrunden. Dies kann über eine durch den Zufall geleitete Aktion geschehen (z. B. Nummern oder Themen ziehen) oder durch selbstbestimmte Gruppenbildung der Schüler oder der Lehrkraft. Die Schüler bearbeiten ihr zugewiesenes Thema so, dass im Anschluss jeder Einzelne fähig ist, das Ergebnis weiterzuvermitteln.

In einem zweiten Schritt werden Mischgruppen gebildet, die sich aus jeweils einem Experten der Gruppen vom Anfang zusammensetzen. Jeder Experte stellt sein Thema vor. Alle Schüler notieren jeweils die Ergebnisse der anderen. In einem dritten Schritt treffen sie sich wieder in ihrer ursprünglichen Expertenrunde. Sie vergleichen die Ergebnisse, die ihnen vermittelt wurden. So findet eine Lernzielkontrolle durch die Gruppen selbst statt.

Gesprächs- und Schreibanlässe

Mom antwortet

Stellen Sie einen leeren Stuhl mittig vor die Tafel. Die Sitzfläche zeigt zur Wand, die Lehne in Richtung der Schüler. Kommentieren Sie Ihr Vorgehen mit den Worten „Hier sitzt Via“. Zur Unterstützung können Sie den Stuhl auch beschriften. Bereiten Sie Ihre Schüler nun auf die Übung zur Erprobung von Verhaltensalternativen vor: „Ich werde euch gleich einen Auszug aus unserer Lektüre vorlesen. Im Anschluss seid ihr aufgefordert zu reagieren. Wer eine Idee hat, steht auf, kommt nach vorne, stellt sich vor die Sitzfläche, mit Blick in den Raum, und äußert seine Idee in der Ich-Form aus der Perspektive der Mutter. Alle Äußerungen sind erlaubt, niemand kommentiert. Wir hören uns einfach ein paar Ideen an.“

Lesen Sie Ihren Schülern nun die Seite 311 vor. Beenden Sie Ihr Lesen mit den Worten „Mom antwortet“. Sollte keiner aufstehen, machen Sie selbst den Anfang. Die Beiträge bleiben bis zum Schluss unkommentiert. Beenden Sie die Übung unbedingt mit einem positiven Beitrag, den Sie gegebenenfalls noch einmal wiederholen lassen, sollte er bereits zu einem früheren Zeitpunkt formuliert worden sein. Denn im Roman haben sich Via und ihre Mutter nach dem Streit versöhnt (S. 313).

Ein Nachruf für Daisy

Dieser Schreibanlass verdeutlicht Daisys Stellenwert in Auggies Leben. Die Schüler dürfen auf Informationen aus dem gesamten Roman zurückgreifen.

Arbeitsauftrag:

Verfasse ausgehend von Vias Aussage „Sie ist wirklich der wunderbarste Hund auf der Welt“ (S. 320) einen Nachruf für Daisy. Schreibe aus Auggies Perspektive.

Kreativ aktiv

Gehört – gestört

Ziel dieser Wahrnehmungsübung ist, dass die Schüler eine Vorstellung von einem Leben mit eingeschränktem Hörvermögen erhalten, wie es bei Auggie der Fall ist. Zur Durchführung benötigen Sie eine akustische Störkulisse. Dazu eignen sich besonders Baustellengeräusche, die als Stream im Internet kostenlos verfügbar und abspielbar sind.

Vorgehensweise:

- Die Schüler positionieren sich paarweise Rücken an Rücken und haken ihre Arme ineinander.
- Schüler 1 spricht fünf Sätze in normaler Lautstärke zu einem frei gewählten Erzählimpuls. (Achtung: Das Störgeräusch und die Gespräche der anderen Schüler im Hintergrund veranlassen möglicherweise zur stimmlichen Übertönung.)
- Nach der Erzählung lösen die Schüler die Armverbindung und treten in Blickkontakt.
- Schüler 2 wiederholt die Aussagen von Schüler 1 möglichst wortgetreu.
- Danach wechseln die Schüler die Rollen.
- Freiwillige Schülerpaare reflektieren ihre Hörerfahrung im Plenum.

Mögliche Erfahrungen:

- Einschränkend wirken sich aus: die Umgebungslautstärke, die Art der Geräuschkulisse, der fehlende Blickkontakt zum Gesprächspartner (Mimik / Gestik).
- Die Übung ist anstrengend, weil sie eine andauernde Konzentration auf das Hörvermögen erfordert. Dadurch werden andere Sinneswahrnehmungen ausgeblendet.
- Resignation wegen Überforderung ist möglich.

„Ich stellte mir vor …"

Am Ende des Kapitels „Meine Höhle" stellt August sich im Bett vor, wie sich die Streitigkeiten in der Küche fortsetzen (S. 315 f.). Ausgehend von drei Romanzitaten bauen die Schüler ein Standbild, wodurch ihr nonverbales Ausdrucksvermögen gefördert wird.

Arbeitsauftrag:

Bildet Dreiergruppen. Baut ein Standbild, das folgende Figuren und Aussagen abbildet:

- „Ich stellte mir vor, dass Via sich so richtig, richtig mies fühlte."
- „Ich stellte mir Mom vor, die ganz außer sich war vor schlechtem Gewissen."
- „Und Dad würde auch wütend auf sie sein […]."

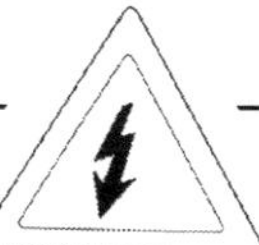

Auggie bekommt was auf die Ohren

Auggie braucht Hörgeräte, macht sich aber Sorgen, dass er damit noch mehr auffällt.

1. Kreuze alle zutreffenden Aussagen an und korrigiere die falschen Aussagen in deinem Heft. Nimm die Seiten 304 bis 310 zu Hilfe.

1. Auggie hat empfindliche Ohren.	
2. Sein Gehör verschlechtert sich zunehmend.	
3. Auggie besteht den Hörtest nicht.	
4. Seine Ohren mag Auggie am meisten.	
5. Hörgeräte lehnt Auggie ab.	
6. Weil er mit den Hörgeräten wie Lobot aus „Star Wars“ aussieht, akzeptiert er das Hilfsmittel.	
7. Als der Arzt die Hörgeräte anstellt, hört Auggie „hell“ und die Geräusche klingen leichter.	
8. Auggies Mitschüler hänseln ihn wegen seiner Hörgeräte.	

2. Auggie möchte keine Hörgeräte. Erläutere die Überzeugungstaktik von Dr. James und den Grund, weshalb Auggie die Hilfsmittel letztlich akzeptiert.

3. War Auggies Angst vor den Hörgeräten berechtigt oder nicht? Entscheide dich und begründe.

Auf welcher Seite stehst du eigentlich?

Via möchte verhindern, dass ihre Familie die Theateraufführung ihrer Highschool besucht.

1. Auf den Seiten 311 bis 316 werden vier Konfliktsituationen sichtbar.

a) Wer ist an den Konflikten beteiligt? Was ist der Grund?

b) Ergänze das linke Schaubild: Verbinde die Konfliktparteien mit Pfeilen und umrahme das auftretende Bündnis.

c) Betrachte das rechte Schaubild. Erkläre, was hier abgebildet ist.

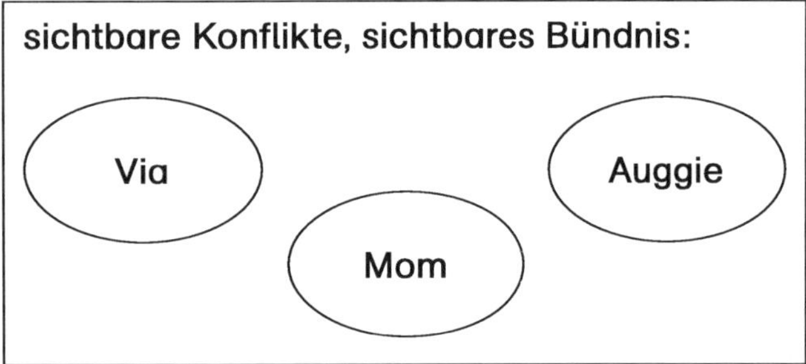

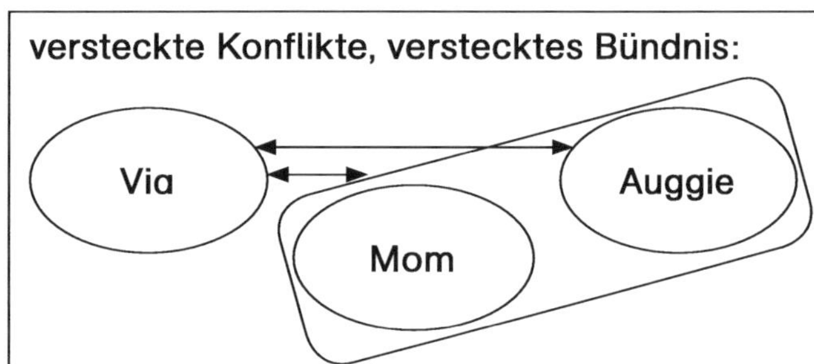

2. Mrs. Pullman muss entscheiden, wer mit zur Theateraufführung geht. Welche Möglichkeiten gibt es? Welche Vor- und Nachteile haben sie? Notiere ihre Gedanken.

Entscheidung:

3. Wem steht Mom näher: Auggie oder Via? Begründe dein Urteil.

Goodbye, Daisy!

Daisy ist krank. Sie wird eingeschläfert. Ihr Tod beschäftigt die ganze Familie.

1. Auggie trauert um Daisy. Belege das Modell der Trauerphasen nach Verena Kast mit passenden Textpassagen. Lies hierzu die Seiten 317 bis 325.

Phase: Nicht-wahrhaben-Wollen Der Trauernde verleugnet den Verlust und will ihn nicht wahrhaben.	↔	Phase: Aufbrechende Emotionen Der Trauernde begreift den Tod. Gefühle kommen zum Vorschein.
↕	⤡ ⤢	↕
Phase: Neuer Selbst- und Weltbezug Der Trauernde lässt Frieden in seine Seele einkehren. Der Verstorbene hat dort seinen Platz gefunden.	↔	Phase: Suchen und Sich-Trennen Der Trauernde nimmt bewusst Abschied und verarbeitet den Verlust durch intensive Auseinandersetzung.

2. Via und Auggie sammeln alle Spielsachen von Daisy auf dem Couchtisch. Welche Bedeutung hat dieser „Stapel" in den beiden Szenen auf den Seiten 320 und 322?

S. 320: ______________________________

____

S. 322: ______________________________

3. Erkläre, welche Relevanz diese Aussage seiner Mutter für Auggie hat: „Um jemanden zu lieben, braucht man keine Augen, nicht wahr?" (S. 325)

Inhalt

7. Teil: Miranda

Ferienlager-Lügen (S. 337–340)
Miranda fährt ins Ferienlager, obwohl sie vorgehabt hat, ihre Mutter in der Zeit der Scheidung zu unterstützen. Dort erzählt Miranda Geschichten und erfindet einen kleinen Bruder, der entstellt ist. Durch die Bewunderung kommt sie mit anderen Jugendlichen im Camp in Kontakt und verändert sich. Zu Hause ruft sie Ella, nicht aber Via an.

Schule (S. 341–343)
Miranda und Via haben sich unterschiedlich entwickelt. Mit Ella verhält sie sich gegenüber Via gemein und reagiert eifersüchtig auf Justin. Sie schreibt sich auf das Anmeldeformular für das Theaterstück neben Via. Miranda erwirkt, dass der Theaterkurs ein anderes Stück aufführt, in dem keine entstellte Figur vorkommt. Sie bewirbt sich für die Hauptrolle, denn sie weiß: Auch Via würde diese gerne spielen. Miranda ist überrascht, als sie die Hauptrolle tatsächlich bekommt.

Was ich am meisten vermisse (S. 344/345)
Miranda fehlt Vias Familie. Sie liebt Auggie, vor dem sie nie Angst gehabt hat. Einmal ruft sie an, um Auggie zu hören. Insgeheim hofft sie, dass Via ans Telefon geht. Miranda erfährt von „Major Tom", dass er jetzt eine Regelschule besucht und Freunde hat.

Planänderung (S. 346–349)
Niemand aus Mirandas Familie, Bekannten- und Freundeskreis ist bei der Aufführung des Theaterstücks anwesend. Nachdem sie Vias Familie im Publikum gesehen hat, entscheidet Miranda sich kurzfristig, nicht aufzutreten. Ihre Rolle übernimmt Via.

Die Aufführung (S. 350/351)
Miranda sieht sich den Rest des Stückes an. Bedauern empfindet sie, als alle für die Verbeugung nach vorne treten. Doch Miranda ist froh über ihre Entscheidung, als sie sieht, wie glücklich Vias Familie ist. Nach der Vorstellung erblickt sie Auggie, der in der Menge orientierungslos wirkt, und geht zu ihm.

Nach der Vorstellung (S. 352/353)
Auggie und sie reden miteinander, bis Mrs. Pullman Miranda begrüßt. Die Familie besteht darauf, dass sie zum Abendessen bleibt. Via, die mit Justin hinzukommt, legt ihren Arm um ihre Freundin und stimmt zu.

Unterrichtsschwerpunkte

- Sachverhalte interpretieren
- Wertschätzung empfinden und annehmen
- Selbstwertgefühl steigern
- Empathievermögen ausbauen

Zu den Kopiervorlagen

KV Seite 55

Miracle-Miranda
Wählen Sie als Unterrichtseinstieg die Aufgabe „Mein Name ist Programm" aus der Rubrik „Kreativ aktiv" (siehe S. 53). Leiten Sie dann zum Arbeitsblatt über, das sich mit Mirandas Namen und der dahinter verborgenen Bedeutungsvielfalt auseinandersetzt. Zunächst interpretieren die Schüler Mirandas Namen auf der Basis von Textbelegen (Aufgabe 1a), woraus sich Aufschlüsse über verschiedene Personenkonstellationen ergeben (Aufgabe 1b). Basierend auf den Arbeitsergebnissen begründen die Schüler in Aufgabe 2, ob Mirandas Name zu ihr passt.

Ein weiteres Thema, das in diesem Romanabschnitt zutage tritt, ist das der Lüge bzw. Notlüge. Bei Interesse führen Sie hierzu den Schreibanlass „Via, ich muss dir etwas erklären ..." durch (siehe S. 53).

Lösung
Aufgabe 1:
z. B.

- „bewundernswert" (S. 339): Mirandas Beliebtheit steigt, weil sie Auggie für ihren Bruder ausgibt. Sie ist dadurch die Bewundernswerte und gefällt sich in dieser Rolle. → Miranda – die anderen
- „wunderbar" (S. 343): Miranda hat eine wunderbare Idee, um das Stück über den entstellten Mann zu verhindern. Sie schützt Via und Auggie. Miranda ist „wunderbar". → Miranda – sie selbst
- „bewundern" (S. 344): Miranda vermisst die Familie Pullman. Sie bewundert Vias Familie und die Liebe der Eltern zu den Kindern. → Miranda – Familie Pullman
- „sich wundern" (S. 338/339): Sie wundert sich über sich selbst und über ihre Äußerungen. Die Nähe zu Auggie wird deutlich. → Miranda – Auggie

Aufgabe 2:
z. B. Miranda verhält sich wundersam gegenüber Via, sowohl im positiven (S. 343 und S. 349) als auch im negativen Sinne (S. 339 f. und S. 341 f.). Für Auggie ist sie ein wunderbarer Mensch, weil sie ihn annimmt, wie er ist, und Verständnis für seine Situation zeigt (S. 140 und S. 339). Ihr Name passt zu ihr.

Bühne frei für Via Pullman

Um nachzuvollziehen, wie es Via Pullman nach der erfolgreichen Theateraufführung mit dem Beifall des Publikums ergeht, applaudiert die Klasse jedem Mitschüler. Dabei nehmen die Schüler die Veränderung der eigenen Stimmung und Emotionen wahr. Die Vorgehensweise finden Sie unter der Überschrift „Applaus, Applaus!" in der Rubrik „Kreativ aktiv" (siehe S. 54).

Ausgehend von diesem Erlebnis würdigen sie die Notwendigkeit von Beifall und übertragen ihre Erfahrung auf die Romanfiguren Auggie, Miranda und Via (Aufgabe 1). Zur Durchführung der ersten Teilaufgabe eignet sich eine aufgabenverschiedene Partnerarbeit. Schüler 1 setzt sich intensiv mit Auggie auseinander, während Schüler 2 sich Miranda widmet. Im Anschluss tauschen sie ihre Ergebnisse aus. Aufgabe 1b unterscheidet sich insofern von Aufgabe 1a, als Via den Applaus tatsächlich erlebt. Dies steigert ihr Selbstwertgefühl, da sie in ihrem Leben häufig im Hintergrund steht. In Aufgabe 2 erweitern die Schüler ihre Schreibkompetenz anhand von Schlagworten, mit deren Hilfe sie einen journalistischen Text verfassen.

Der gestalterische Arbeitsauftrag „Theater-Flyer selbst gemacht" aus der Rubrik „Kreativ aktiv" rundet die Unterrichtsstunde ab (siehe S. 54).

★ Verzichten Sie auf Aufgabe 1a. Geben Sie zur sprachlichen Vorentlastung für Aufgabe 2 Formulierungshilfen vor. Darüber hinaus haben Sie die Möglichkeit, die Schlagworte entsprechend dem Leistungsvermögen Ihrer Schüler zu reduzieren oder die vorgegebenen Stichwörter unter den Jugendlichen aufzuteilen und im Anschluss zu einem Gesamttext zusammenzufügen. Dabei können sie auch mit einem Partner arbeiten. Auf diese Weise entstehen vielfältige Schreibprodukte, an denen sich alle beteiligen.

Die Arbeitsaufträge „Applaus, Applaus!" und „Theater-Flyer selbst gemacht" aus der Rubrik „Kreativ aktiv" eignen sich für alle.

Lösung

Aufgabe 1:

a) Auggie hat Applaus verdient, da er trotz großer eigener und fremder Ängste und Widerstände die Regelschule besucht. Er bemüht sich, Freundschaften zu schließen und sich die Anfeindungen anderer nicht zu Herzen zu nehmen.
Miranda hat Applaus verdient, da ihr die Wertschätzung ihres wiederverheirateten Vaters und ihrer trauernden Mutter fehlt. Dennoch beweist sie Stärke, indem sie Via ihre Rolle überlässt und dadurch freiwillig auf die Aufmerksamkeit verzichtet, die sie so dringend in ihrem Leben sucht.

b) Via erhält in ihrem Leben wenig Bestätigung. Vieles hat sie sich selbst beigebracht (S. 124 f.). Ein Applaus stärkt ihr Vertrauen gegenüber sich und anderen.

Aufgabe 2:

Tosender Applaus für die Theatergruppe
Die Theateraufführung „Unsere kleine Stadt" war einer der Höhepunkte des Schuljahres. Zu Beginn flüsterte eine Frau im Publikum begeistert: „Es ist Via!" Und darüber freuten sich am Ende alle. Mit einem tosenden Applaus drückten die Zuschauer ihren Respekt für die Hauptdarstellerin und deren schauspielerische Leistung aus. Damit stand Olivia Pullman als Zweitbesetzung im Mittelpunkt der Menge. Kurz vor der Aufführung hatte sie in der Garderobe hinter der Bühne die Rolle einer Mitschülerin übernommen, die krankheitsbedingt nicht auftreten konnte.

Schreibanlass

„Via, ich muss dir etwas erklären ..."

Miranda hat sich im Sommercamp einer (Not-)Lüge bedient, um so ihre Beliebtheit zu steigern (S. 338 f.). Ihr schlechtes Gewissen gegenüber Via plagt sie. Die Schüler vollziehen einen Perspektivwechsel. Durch die intensive Auseinandersetzung regt der kreative Schreibprozess sie dazu an, über eigene Entscheidungen in solchen Situationen nachzudenken.

Arbeitsauftrag:
Schreibe aus Mirandas Sicht einen Brief an Via, in dem sie ihr Verhalten erklärt und sich für ihre Tat entschuldigt. Gehe vor allem auf Mirandas Gewissensbisse ein.

Kreativ aktiv

Mein Name ist Programm

Konfrontieren Sie die Schüler mit der Redewendung „Mein Name ist Programm" und erschließen Sie mit ihnen dessen Bedeutung. Im Anschluss recherchieren die Jugendlichen – wenn möglich im EDV-Raum – ihre eigene Namensbedeutung, falls sie diese nicht bereits kennen. Sie überlegen, inwiefern ihr Name zu ihrem Leben(sprogramm) passt. Die Schüler tauschen ihre Ergebnisse, die sehr persönlich sein können, in Kleingruppen aus.

Sollte das Vorhaben durch die Infrastruktur der Schule nicht möglich sein, bietet sich der Rechercheauftrag alternativ als Hausaufgabe im Vorfeld der Unterrichtstunde an.

Applaus, Applaus!

Wie schwierig es ist, im Rampenlicht zu stehen, und wie schön es sein kann, Anerkennung zu erhalten, erproben die Schüler im Selbstversuch „Applaus aushalten". Wichtig ist dabei, dass alle an dieser Übung teilnehmen. Beruht der Versuch auf Freiwilligkeit, verweigern sich gerade diejenigen, für die der Applaus besonders wertvoll wäre.

Vorgehensweise:

- Positionieren Sie einen Stuhl (als Bühne) mittig vor der Klasse.
- Die Schüler treten einzeln nacheinander vor die Klasse und steigen auf den Stuhl. (Achten Sie auf die Sicherheit der Schüler, gegebenenfalls durch Hilfestellung. Alternativ funktioniert die Übung auch ohne Stuhl.)
- Der Jugendliche auf der „Bühne" steht bewegungslos da. Er hält den folgenden Applaus der Mitschüler aus.
- Auf Kommando applaudieren die Mitschüler für zwanzig Sekunden, so laut sie können.
- Die Lehrkraft stoppt die Zeit und beendet die Phase des Applauses.
- Am Ende der Übung vervollständigt jeder Schüler in einem Blitzlicht den Satz: „Der Applaus war für mich …"

Theater-Flyer selbst gemacht

Lassen Sie die Schüler in Einzel- oder Partnerarbeit einen Theater-Flyer zum Stück „Unsere kleine Stadt" entwerfen. Angaben, die aus dem Roman (S. 276 f. und S. 328 f.) nicht hervorgehen, dürfen frei ergänzt werden.

Arbeitsauftrag:

Entwirf einen Theater-Flyer für Vias Theateraufführung.

- Wähle ein passendes Format und ein ansprechendes Design.
- Der Flyer enthält Angaben zu Ort, Datum, Zeit, Besetzung, Regisseur, Titel und Inhalt des Stückes. Berücksichtige die Angaben im Roman.
- Recherchiere den Inhalt des Stückes im Internet.
- Ergänze fehlende Informationen durch eigene Ideen.

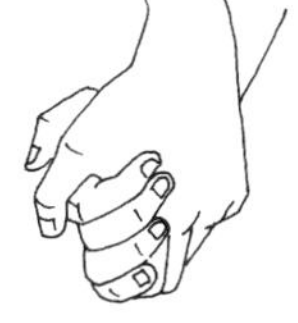

Miracle-Miranda

Miranda gibt überraschende Einblicke in ihr besonderes Verhältnis zu Familie Pullman.

1. Der Name Miranda stammt aus dem Lateinischen.

a) Lies die Wortbedeutung im Schaubild. Stelle anhand der angegebenen Romanseiten Bedeutungsbezüge zwischen Mirandas Namen und ihrem Denken, Fühlen und Handeln her.
b) Die vier Namensbedeutungen lassen sich jeweils einem Verhältnis von Miranda zu anderen Personen bzw. zu sich selbst zuordnen. Notiere dein Ergebnis im jeweiligen Kasten.

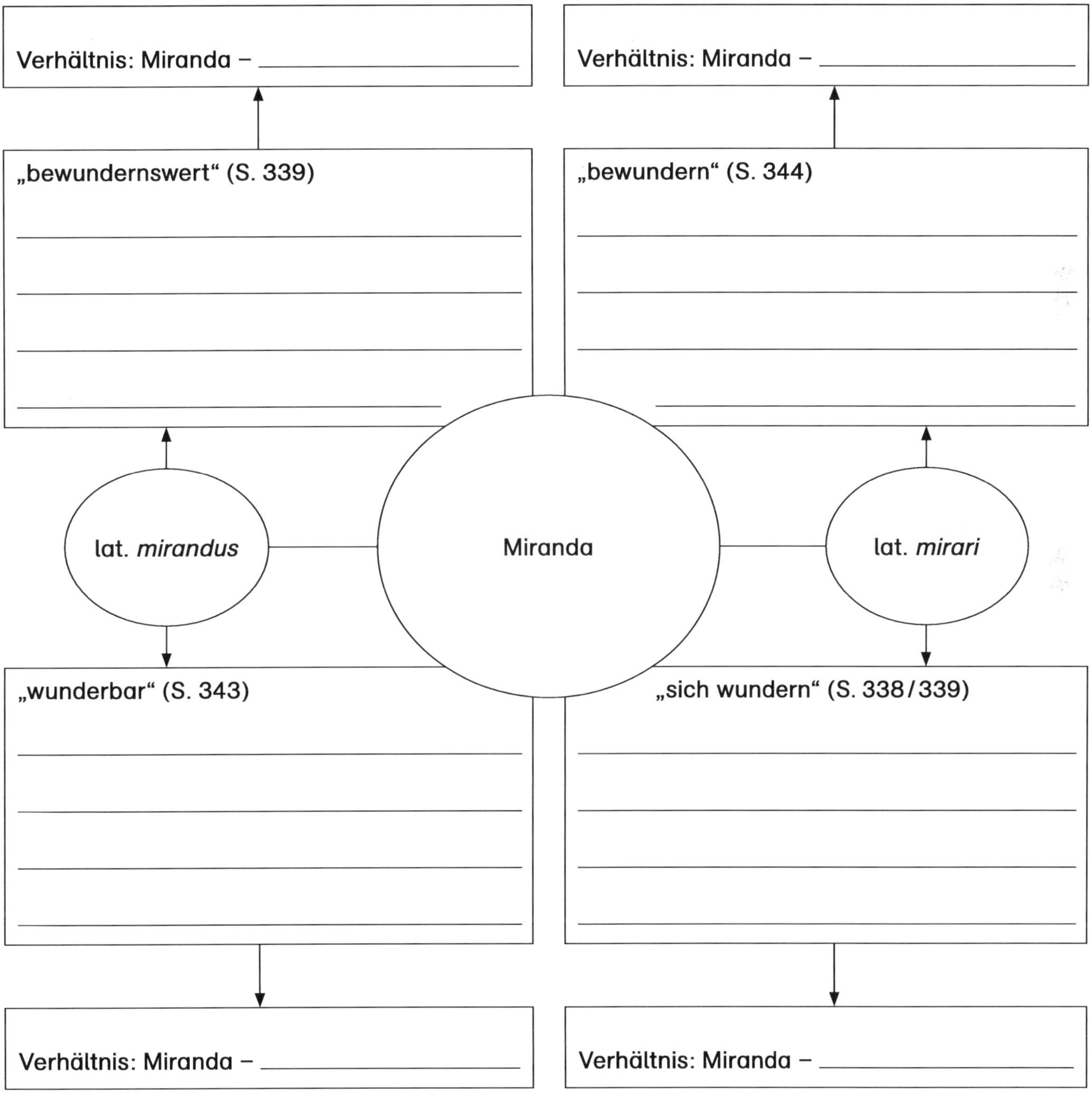

Verhältnis: Miranda – ______

Verhältnis: Miranda – ______

„bewundernswert" (S. 339)

„bewundern" (S. 344)

lat. *mirandus*

Miranda

lat. *mirari*

„wunderbar" (S. 343)

„sich wundern" (S. 338/339)

Verhältnis: Miranda – ______

Verhältnis: Miranda – ______

2. Betrachtet die Überschrift des Arbeitsblatts (engl. *miracle* = Wunder) und diskutiert ihre Bedeutung. Passt Mirandas Name zu ihrer Art?

Bühne frei für Via Pullman

Auggie und Miranda erleben die Aufführung aus unterschiedlichen Perspektiven.

1. Auggie vertritt die Meinung, „dass jeder Mensch auf der Welt wenigstens einmal in seinem Leben Standing Ovations bekommen muss“ (S. 331).

a) Diskutiert, weshalb auch Auggie und Miranda Applaus verdient hätten.
b) Erkläre, warum der Applaus für Via eine wichtige Form der Rückmeldung ist.

2. Verfasse mithilfe der folgenden Schlagworte einen Artikel für den Jahresbericht an Vias Schule.

das Stück (S. 330)

krankheitsbedingt (S. 347)

Zuschauer (S. 331)

„Es ist Via!“ (S. 329)

kurz vor der Aufführung (S. 332)

im Mittelpunkt der Menge (S. 331)

Applaus (S. 330)

Garderobe hinter der Bühne (S. 348)

Zweitbesetzung (S. 327)

Seite 355 bis 439: Auggie meistert sein Leben

Inhalt

8. Teil: August

Die Fahrt ins Reservat (S. 357/358)
Auggie ist wegen der Jahrgangsfahrt in das Naturreservat nervös, da er bislang noch nicht auswärts übernachtet hat. Dennoch freut er sich.

Markenzeichen (S. 359/360)
Mit einer neuen Reisetasche ohne „Star Wars"-Aufdruck möchte Auggie sein Image ändern. Er weiß noch nicht, was sein Markenzeichen sein soll.

Es wird gepackt (S. 361–365)
Gegen Albträume packt Auggie sein Lieblingsstofftier so in die Tasche, dass es keiner sehen kann. Seine Mutter erklärt ihm, worauf er achten soll, und bemerkt, wie erwachsen ihr Sohn in diesem Jahr geworden ist.

Tagesanbruch (S. 366/367)
Auggie wacht früh auf und glaubt, Daisy gesehen zu haben. Er ist nicht traurig darüber. Daisys Geist vermittelt ihm ein Gefühl der Stärke. Auggie weiß um ihre Nähe. Er packt sein Stofftier wieder aus und lässt es zurück.

Tag Eins (S. 368–370)
Erleichtert stellt Auggie fest, dass Julian an der Jahrgangsfahrt nicht teilnimmt. Der erste Tag im Camp verläuft ohne Zwischenfälle. Nach Einbruch der Dunkelheit genießt er das Lagerfeuer, bevor er schnell einschläft.

Die Festwiese (S. 371–373)
Am nächsten Abend findet ein Ausflug in ein Open-Air-Kino statt. Die Schüler sichern sich die besten Plätze vor der Leinwand, bevor weitere Schulbusse ankommen.

Seid gut zur Natur (S. 374–376)
Nach einer kurzen Ansage über wichtige Verhaltensregeln beginnt der Film. Auggie hat ihn bereits einige Male gesehen, weil es Vias Lieblingsfilm ist.

Es ist was im Busch (S. 377–379)
Jack muss während des Films zur Toilette. Weil die Warteschlange lang ist, will er sich einen Baum suchen. Auf dem Weg in den Wald kommen Jack und Auggie Henry, Miles und Amos entgegen.

Alien (S. 380–384)
Auf dem Rückweg bedroht und mobbt eine fremde Schülergruppe Jack und Auggie. Jack möchte mit Auggie weglaufen. Im entscheidenden Moment mischen sich Amos, Miles und Henry ein. Eddie, einer der Fremden, greift Auggie an, weshalb Amos auf Eddie losgeht. Im Dunkeln flüchten die Schüler der Beecher Prep.

Stimmen im Dunkeln (S. 385–388)
Als sie sich in Sicherheit wähnen, vermutet einer der Jungen, dass es sich bei den Angreifern um Siebtklässler gehandelt hat. Jack und Auggie bedanken sich für die Hilfe. Amos lobt Auggie für sein selbstbewusstes Auftreten. Allerdings weint dieser, als ihm bewusst wird, dass seine Hörgeräte verschwunden sind.

Die kaiserliche Wache (S. 389/390)
Erfolglos suchen die Jungen Auggies Hörgeräte. Zurück im Open-Air-Kino beschließt Auggie, den Vorfall nicht zu melden. Amos möchte, dass er nicht mehr allein herumläuft, sondern die anderen ihn begleiten.

Schlaf (S. 391–393)
Nach dem Übergriff kann Auggie nicht einschlafen. Er erklärt den Tag zu einem der schrecklichsten seines Lebens. Bei der Heimfahrt interessieren sich alle Mitschüler für den Vorfall und die Täter. Vor Mr. Pomann sagt Auggie, dass er sich nicht an die Gesichter erinnere, obwohl das nicht wahr ist.

Nachspiel (S. 394/395)
Mr. Pomann hat Auggies Mutter informiert. Die Zuständigen im Camp erklären sich aus Gewissensgründen bereit, die Kosten für die Hörgeräte zu übernehmen. Mrs. Pullman stellt – entgegen Auggies Erwartung – keine Fragen.

Zu Hause (S. 396–402)
Auggies Mutter tröstet ihn: Der Vorfall habe nur einen kleinen Teil der Zeit ausgemacht. Sie beruhigt Auggie damit, dass es mehr gute als böse Menschen gebe. Dad und Via kommen mit einem Hundewelpen nach Hause.

Bär (S. 403)
Auggie und Via gehen am nächsten Tag nicht in die Schule, sondern spielen mit ihrem Hund „Bär". Auggie genießt die selten gewordene gemeinsame Zeit, denn beide sind nun älter und haben eigene Freunde.

Die Verschiebung (S. 404/405)
Nicht mehr für sein Gesicht, sondern für den Überfall ist Auggie nun bekannt. Da Jack, Amos, Henry und Miles ihn verteidigt haben, ist er einer von ihnen geworden. Seit dem Vorfall ist Amos beliebt, während Julian weniger angesehen ist.

Die Ente (S. 406–410)
Mr. Pomann überreicht Auggie die Reste seiner Hörgeräte. Auggie will keine Anzeige erstatten. Er glaubt, dass die übergriffigen Jungen unbelehrbar seien. Mr. Pomann reflektiert das Jahr in schulischer Hinsicht anhand einiger Höhe- und Tiefpunkte. Julian wird die Schule wechseln, da seine Eltern die Beecher Prep für ungeeignet halten. Am Ende diskutieren der Schulleiter und Auggie, warum der Junge sich als Ente porträtiert hat.

Die letzte Maxime (S. 411)
Mr. Browne hat die letzte Maxime vor den Sommerferien an die Tafel geschrieben. Er bittet seine Schüler, ihm eine Postkarte mit ihrer persönlichen Maxime zuzusenden.

Im Wagen (S. 412–417)
Auf der Fahrt zur Abschlussfeier erfährt Auggie, dass sein Astronautenhelm nicht verloren gegangen ist, sondern sein Vater ihn entsorgt hat. Mr. Pullman meint, er habe es vermisst, das Gesicht seines Sohnes zu sehen.

Nehmt alle eure Plätze ein (S. 418–422)
Auf dem Programm stehen einige Reden sowie die Verleihung von Auszeichnungen. Auggie und Jack haben Spaß.

Eine einfache Sache (S.423–428)
In seiner Rede weist Mr. Pomann auf die erreichten Ziele und die bevorstehenden Aussichten hin. Für ihn ist nicht nur die Freundlichkeit, sondern auch die Wahlmöglichkeit bezüglich der eigenen Zukunft bedeutsam.

Auszeichnungen (S. 429–432)
Nach den Medaillen für herausragende schulische Leistungen überreicht Mr. Pomann Auggie die Ehrenmedaille, da er mit seiner stillen Stärke die meisten Herzen bewegt hat.

Schweben (S. 433–435)
Auggie nimmt die Auszeichnung freudig entgegen. Er weiß, warum er die Medaille erhält. Er selbst sieht sich jedoch als normalen Jungen.

Fotos (S. 436/437)
Beim anschließenden Fotografieren denkt August nicht an sein Gesicht. Niemand fürchtet sich davor, sein Gesicht zu berühren. Im Gegenteil: Auggie hat das Gefühl, dass ihm alle möglichst nahe sein wollen.

Der Weg nach Hause (S. 438/439)
Auggie bedankt sich bei seiner Mutter, dass sie ihn vom Schulbesuch überzeugt hat. Sie wiederum bedankt sich für seine Existenz und bezeichnet ihn als Wunder.

Unterrichtsschwerpunkte

- Auseinandersetzungen mit sich und anderen führen
- Verhaltensweisen wahrnehmen
- Reaktionen beurteilen
- Würde empfinden und Anerkennung annehmen

Zu den Kopiervorlagen

KV Seite 65

Jahrgangsfahrt mit Hindernissen
Hier untersuchen die Schüler den Handlungsverlauf der Seiten 377 bis 390 im Roman mithilfe der vorliegenden Erzählkurve. Zu diesem Zweck strukturieren sie in Aufgabe 1 die Handlung anhand formaler Kriterien und inhaltlicher Aussagen. Dadurch schulen sie das sinnerfassende Lesen und das Erkennen von Zusammenhängen.

Unterbrechen Sie die Arbeit mit dem Quiz „Sag mir, wer du bist“, das Sie unter „Gesprächs- und Schreibanlässe“ finden (siehe S. 61). Schließen Sie danach Aufgabe 2 an. Im Fokus steht hier die Interpretation des Verhaltens der Figuren mithilfe von vorgegebenen Adjektiven. Die Schüler wandeln somit ihre Einschätzung auf Basis der Romanvorlage in eine Grafik um.

Lösung
Aufgabe 1:
Formaler Handlungsverlauf:
③ Höhepunkt
⑥ Schluss
④ Reaktion
⑤ Wendepunkt
② steigende Handlung
① Beginn

Inhaltlicher Handlungsverlauf:

5	Amos, Miles und Henry tauchen plötzlich auf und verteidigen Jack und Auggie.
1	Während der Filmnacht im Freien muss Jack zur Toilette.
6	Jack und Auggie bedanken sich.
4	Jack beschließt, mit Auggie zu flüchten.
2	Auf dem Rückweg begegnen Jack und Auggie einer fremden Schülergruppe.
3	Die Gruppe macht sich über Auggie lustig und stellt sich Jack und Auggie in den Weg.

Aufgabe 2:
z. B.

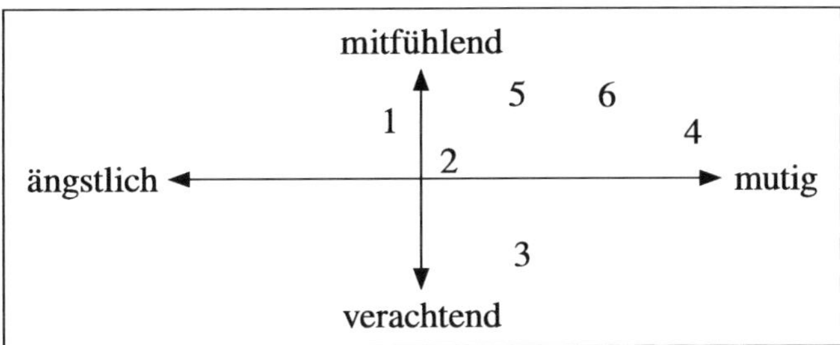

1 = Auggie ist angesichts der Bedrohung ängstlich, aber auch mutig, denn er stellt sich schützend vor Jack (S. 382).
2 = Jack möchte mit Auggie fliehen, weil er die Gefahr erkennt und Angst hat. Als Eddie seinen Freund anfeindet, reagiert Jack mutig: Er legt sich mit Eddie an, um Auggie zu verteidigen (S. 382).
3 = Eddie verhält sich sehr verachtend gegenüber Auggie (S. 381 f.). In der Gruppe fühlt er sich stark.
4 = Amos reagiert sehr mutig, da er in das Geschehen eingreift (S. 383).
5 = Miles ist mitfühlend und mutig, weil er Auggie nach dem Vorfall zusammen mit den anderen abschirmt (S. 390).
6 = Henry verhält sich mitfühlend und mutig: Er hilft Auggie beim Wegrennen (S. 385).

KV Seite 66

Jetzt kommt Bewegung in den Vorfall

Mithilfe dieses Arbeitsblatts vergegenwärtigen sich die Schüler unterschiedliche Reaktionsmöglichkeiten auf ein und denselben Vorfall. Sie erkennen, dass den Reaktionen verschiedene Motive zugrunde liegen. So lernen die Jugendlichen durch die Bearbeitung von Aufgabe 1, die emotionale Lage anderer zu berücksichtigen.

Im Mittelpunkt von Aufgabe 2 steht die Erkenntnis, dass das nächtliche Ereignis während der Klassenfahrt langfristig Veränderungen in Auggies Leben und seinem Umfeld herbeigeführt hat. Die Schüler folgern daraus, dass positive Konsequenzen aus einem negativen Vorfall hervorgehen können. Zur Vertiefung der Thematik verwenden Sie den Schreibanlass „Auggie an Dad" (siehe S. 61). Als weiterführende Unterrichtsidee finden Sie in der Rubrik „Kreativ aktiv" den Arbeitsauftrag „Der Eddie-Typ – unbelehrbar?" (siehe S. 63). Im Fokus steht dort der Umgang mit dem Täter und dessen Bewusstsein für seine Handlungen.

Lösung
Aufgabe 1:

- S. 392: Amos, Miles und Henry erzählen ihren Freunden von dem Vorfall.
  → Motive: Stolz, Sensationsgier, Geltungsdrang, Wunsch nach Bewunderung
- S. 392: Alle Mädchen fragen nach Auggies Befinden.
  → Motive: Interesse, Mitleid, Empathie
- S. 392/393: Die Jungen äußern Rachepläne und versuchen die Schulzugehörigkeit herauszufinden.
  → Motive: Gerechtigkeitssinn, Wut, Rache, Geltungsdrang, Angeberei
- S. 393: Mr. Pomann bringt Auggie in den Erste-Hilfe-Raum und holt eine Täterbeschreibung ein.
  → Motive: Fürsorge, Konfliktlösung, Schadensbegrenzung, Konsequenzen ziehen
- S. 394: Auggies Mom umarmt Auggie und hält sich mit Fragen zurück.
  S. 397: Auggies Mom motiviert Auggie zu positiven Erinnerungen.
  S. 400: Auggies Mom betont, dass es mehr gute als schlechte Menschen gibt.
  → Motive: Beschützerinstinkt, Ablenkung, Umlenkung, Vermittlung von Vertrauen

Aufgabe 2:

Verschiebungen durch den Vorfall		
Verschiebung 1 (S. 404): Bekanntheit von Auggie nicht mehr durch sein Gesicht, sondern durch den Vorfall bei der Fahrt	Verschiebung 2 (S. 404/405): Verteidigung führt zu Akzeptanz und Zugehörigkeit Auggies	Verschiebung 3 (S. 405): Aufstieg von Amos und Verdrängung Julians

Du bist nicht allein

Informieren Sie sich im Vorfeld über den irischen Autor Christopher Nolan, den Mr. Pomann in seiner Abschlussrede zitiert (z. B. Barbara von Becker: „Aus einer anderen Welt". In: DIE ZEIT vom 23. Juni 1989, online abrufbar unter *www.zeit.de*, Eingabe ins Suchfeld: Christopher Nolans Roman „Unter dem Auge der Uhr"). Vertiefen Sie in einem Lehrervortrag, um wen es sich bei Christopher Nolan handelt, bevor sich die Schüler in Aufgabe 1 mit dem Protagonisten Joseph aus „Unter dem Auge der Uhr" befassen. Sie finden verbindende und abgrenzende Elemente zwischen Joseph und Auggie. Dadurch gelingt es ihnen, sich am Ende des Romans an wichtige Charakteristika zu erinnern. Aufgabe 2 thematisiert den religiösen Bezug aus Mr. Pomanns Abschlussrede. Klären Sie zuerst den Begriff „Antlitz" (Gesicht; das, was einem entgegenschaut). Die Jugendlichen erläutern den Sinn der Rede vor dem christlichen Hintergrund. Die Botschaft kann ebenso für Andersgläubige gelten, wie Mr. Pomann am Schluss erwähnt.

Die Symbolik im Romantitel „Unter dem Auge der Uhr" steht im Fokus der Internetrecherche, die Sie im Anschluss an das Arbeitsblatt durchführen können (siehe S. 62). Runden Sie die Stunde mit einer Gruppenarbeit zur Entwicklung eines fiktiven Dialogs ab. Den Arbeitsauftrag „Mein Platz im Leben" finden Sie in der Rubrik „Kreativ aktiv" (siehe S. 64).

Lösung

Aufgabe 1:

- Beeinträchtigung: Ja, aber Entstellung des Gesichts durch Gendefekt.
- Kommunikation: Verbale Kommunikation möglich, aber mit eingeschränkter Mimik.
- Schullaufbahn: Ja, aber zunächst Hausunterricht und dann Middle School nach Überzeugungsarbeit durch die Eltern.
- Schulleben: Ja. (ohne Einschränkung)
- Persönlichkeit: Ja, aber Freud und Leid wechseln ab.
- Familie: Ja. (ohne Einschränkung)
- Wissenschaft: Ja, aber „Wunder der Medizin".

Aufgabe 2:

a)

- Freundlichkeit
- Hilfsbereitschaft
- sich um jemanden sorgen
- jemandem einen liebevollen Blick zuwerfen

b) „Der liebende Gott" äußert sich durch alle vier der oben genannten Verhaltensweisen. Er ist freundlich zu den Menschen, hilft ihnen in der Not und sorgt sich um sie. Er hat ein Auge auf die Menschen. Wenn wir uns so verhalten, wird Gottes Antlitz (Gesicht) durch uns Menschen für andere sichtbar. In diesen Momenten handeln wir aus dem christlichen Glauben heraus. Bei dem Gottesbild „Gott als Hirte" verhält es sich ebenso, nur mit anderer Schwerpunktsetzung. Hier steht nicht die Liebe, sondern der Schutz im Vordergrund. Gott behütet die Menschen, indem er seine Hand schützend über sie hält.
Gottes Antlitz wird nicht nur für Joseph sichtbar, sondern auch für Auggie, der ganz ähnliche Momente durchlebt. Freundlichkeit erfährt er unter anderem von Jack Will und Summer, Hilfsbereitschaft von seinen Klassenkameraden während der Jahrgangsfahrt, seine Eltern sorgen sich um ihn und besonders seine Mutter wirft ihm liebevolle Blicke zu. Umgekehrt begegnet auch Auggie den Menschen freundlich und hilfsbereit (unterstützt Jack Will in der Schule). Er sorgt sich um andere (kranke Hündin Daisy) und verteilt liebevolle Blicke (Familie).

c) Das „Antlitz Gottes" kann grundsätzlich in jedem Menschen sichtbar werden. Wir können es in anderen erkennen und andere können es in uns erkennen. Wenn wir uns dessen bewusst sind, sind wir nie allein.

KV Seite 68

Stille Stärke – große Wirkung

Als Einstieg zur Kopiervorlage eignet sich der Gesprächsanlass „Rückschau: Ein ganzes gutes Jahr?" (siehe S. 62), der sich alternativ auch als Schreibanlass realisieren lässt. Mit den Erkenntnissen stimmen sich die Schüler auf die Beschäftigung mit dem Arbeitsblatt ein. Aufgabe 1 schult das Textverständnis, indem sie Mr. Pomanns Argumentationsstruktur erschließen. Diese inhaltliche Durchdringung auf der allgemeinen Ebene nutzen die Schüler, um in Aufgabe 2 herauszuarbeiten, wie sich Mr. Pomanns Ausführungen bei Auggie im Speziellen zeigen. Aufgabe 3 rundet die Unterrichtsstunde ab: Das Zitat von Henry Ward Beecher aus Aufgabe 1 wird um zwei weitere Aussagen ergänzt. Die Schüler übertragen den Kern der Botschaften als Lebenstipp auf die Romanfigur Auggie.

Mit den Erkenntnissen aus der Unterrichtsstunde beschäftigen sich die Jugendlichen im weiterführenden Gesprächsanlass „Ente gut, alles gut?" (siehe S. 63). Beachten Sie, dass die Thematik im Roman chronologisch früher angesiedelt ist (S. 409). Basierend auf den Ergebnissen der Unterrichtsstunde lässt sich die Fragestellung durch die Betrachtung auf der Metaebene jedoch adäquat bearbeiten.

★ Zur Bearbeitung von Aufgabe 1 bieten sich zwei Differenzierungsmöglichkeiten an:

- Tilgen Sie den vorgegebenen Wortspeicher (z. B. durch Überkleben) auf dem Arbeitsblatt. In Anlehnung an die Methode „Laufdiktat" hängen Sie die Lösung des Lückentextes an verschiedenen Stellen gut sichtbar im Klassenzimmer auf. Die Schüler bewegen sich zwischen Arbeitsplatz und Lösungsblatt. Sie merken sich immer einen Satz und füllen die Lücken auf dem Arbeitsblatt.
- Gestalten Sie den Lückentext aus Aufgabe 1 als Fließtext auf einem separaten Blatt. Anstelle der Lücken geben Sie jeweils zwei Wortbausteine vor, aus denen

die Schüler den passenden auswählen und diesen farblich markieren (z. B. Augusts stille Stärke/Charakterstärke hat das erreicht.).

Zur Bearbeitung von Aufgabe 2 schreiben Sie die Lösungen auf Wortkarten und ergänzen diese um weitere, nicht zutreffende Aussagen. Zu diesem Zweck lassen sich die vorliegenden Lösungsvorschläge negieren bzw. ins Gegenteil setzen (z. B. Auggie konzentriert sich auf das Lernen. → Auggie konzentriert sich nicht auf das Lernen.). Die Schüler sortieren die Aussagen nach den Kategorien „Trifft zu"/„Trifft nicht zu" an der Tafel und notieren drei wahre Aussagen auf ihrem Blatt.

Bevor die Schüler Aufgabe 3 bearbeiten, lösen Sie im Lehrer-Schüler-Gespräch das Bild „Jeder neue Tag hat zwei Griffe" auf.

Nutzen Sie den Gesprächs- bzw. Schreibanlass „Rückschau: Ein ganzes gutes Jahr?". Verzichten Sie jedoch auf den Auftrag „Ente gut, alles gut".

Lösung

Aufgabe 1:

Menschliche Eigenschaften wie Mut, Freundlichkeit, Freundschaft und Charakterstärke führen durch die Weiterentwicklung unserer Persönlichkeit zu echter Größe. Mr. Pomann ergänzt seine Aussage mit den Worten von Henry Ward Beecher, Prediger, Kämpfer gegen die Sklaverei und Namensgeber der Middle School: „Echte Größe liegt nicht darin, stark zu sein, sondern darin, die eigene Stärke auf die richtige Weise zu benutzen ... Wahre Größe zeigt derjenige, dessen Stärke die meisten Herzen bewegt ..." Augusts stille Stärke hat das erreicht. Deshalb erhält er die Ehrenmedaille.

Aufgabe 2:

z. B.

- Auggie macht nichts, um anderen zu gefallen.
- Auggie konzentriert sich auf das Lernen.
- Auggie kümmert sich um sich selbst.
- Auggie erfüllt keine Erwartungen, die andere an ihn haben.
- Auggie lässt sich nicht beeinflussen.
- Auggie hat keine Rachegedanken.
- Auggie hat kein schlechtes Gewissen, weil er so ist, wie er ist.

Aufgabe 3:

a) „Auggie, du kannst dich jeden Tag neu entscheiden, ob du mit Angst oder voller Zuversicht den Tag und damit einen Teil deines Lebens gestaltest."

b) „Auggie, lebe nicht in der Vergangenheit und trauere niemandem und nichts nach. Verschwende keine Gedanken an eine ungewisse Zukunft. Genieße die Gegenwart. Das Hier und Jetzt bietet so viele Gelegenheiten, Glück zu erfahren. Nutze sie!"

Gesprächs- und Schreibanlässe

Quiz: „Sag mir, wer du bist"

Zwischen Aufgabe 1 und Aufgabe 2 der Kopiervorlage „Jahrgangsfahrt mit Hindernissen" lockert ein Quiz die analytische Arbeit auf. Notieren Sie vorbereitend die Figurenbeschreibungen (siehe unten) auf fünf separaten Zetteln. Schüler 1 zieht den ersten Zettel und liest ihn vor. Wer die richtige Lösung nennt, darf die nächste Beschreibung vortragen. Wiederholen Sie diesen Prozess, bis alle Figuren identifiziert sind.

Figurenbeschreibungen:

- Figur aus „Herr der Ringe", die sich nach dem Fund eines Ringes innerlich und äußerlich verändert (Gollum)
- unheimliches Wesen aus einer fremden Welt (Alien)
- fiktives, nichtmenschliches böses Wesen aus Mittelerde (Ork)
- Eddies abwertende Bezeichnung für Auggie, aus dem Englischen übersetzt und im vorliegenden Zusammenhang etwa „unser Freund hier" (Loverboy)
- fiktiver Serienmörder (Freddy Krueger)

Auggie an Dad

Auggie glaubt nach dem Übergriff zu verstehen, was sein Vater mit der Äußerung „Wie ein Lamm, das zur Schlachtbank geführt wird" gemeint hat (S. 20 und S. 393). Zu diesem Zeitpunkt wissen Auggies Eltern noch nichts von dem Übergriff auf ihren Sohn. Auggie beschließt, seinem Vater eine Textnachricht zukommen zu lassen.

Arbeitsauftrag:

Lies das Kapitel „Schlaf" (S. 391 ff.) und versetze dich in Auggies Situation. Verfasse eine Textnachricht an Dad, in der du erklärst, was die Redewendung „Wie ein Lamm, das zur Schlachtbank geführt wird" für dich bedeutet.

Lösungsvorschlag:

Lieber Dad,

heute Nacht konnte ich nicht schlafen. Immer wieder musste ich an die Heimfahrt nach unserem Besuch bei Christopher denken. Damals sagtest du das mit dem Lamm und der Schlachtbank. Ich glaube, ich weiß nun, was du damit gemeint hast. Warum ich dir das schreibe? Im Camp ist etwas passiert: Mehrere Siebtklässler haben mich angegriffen.

Wird ein Lamm zur Schlachtbank geführt, ergibt sich dieses seinem Schicksal, ohne sich zu wehren. Es ist zwar voller Angst, doch gefügig. Es hat keine Wahl, es ist wehrlos. Ich weiß, dass ich mich nicht wehren konnte und dass dies aufgrund der Überlegenheit der Täter keinen Sinn gehabt hätte.
Ich habe die Situation trotz meiner Ängste erduldet. Jack, Amos, Miles und Henry halfen mir schließlich und befreiten mich aus meiner schlimmen Lage. Das war nicht selbstverständlich. Meine Helfer hatten Mitleid mit mir und wollten mich beschützen. Mehr dazu, wenn ich wieder daheim bin. Mach dir keine Sorgen,
dein Auggie

„Unter dem Auge der Uhr"
Ausgehend von dem im Buch erwähnten autobiografischen Roman von Christopher Nolan entschlüsseln die Schüler den symbolträchtigen Titel des Werkes. Hierzu benötigt jeder Schüler Zugriff auf einen internetfähigen PC. Sollte dies im Schulgebäude nicht möglich sein, bietet sich die Internetrecherche als Hausaufgabe an.

Arbeitsaufträge:
- Führe eine Internetrecherche durch. Finde heraus, welche symbolische Bedeutung sich hinter den Begriffen „Auge" und „Uhr" verbirgt.
  (Auge: Helligkeit, Licht, Geist (Platon)/Symbol des griechischen Sonnengottes Helios, der alles Sehende/Allwissenheit der Dreifaltigkeit Gottes; Uhr: Lauf und Rhythmus des Lebens/verrinnende Zeit, Vergänglichkeit (Lebensuhr)/Ganzheit und Fülle des Lebens)
- Im Buchtitel „Unter dem Auge der Uhr" werden Uhr und Auge gleichgesetzt. Die Uhr ist das Auge. In Christopher Nolans Roman ist die Uhr gemeint, die sich am Schulturm der Highschool befindet. Hier versucht der Protagonist Joseph „den ihm zustehenden Platz in dieser Welt der schöngewachsenen, körpertüchtigen Jungen und Mädchen zu erobern" (aus: Barbara von Becker: „Aus einer anderen Welt". In: DIE ZEIT vom 23. Juni 1989). Interpretiere die Aussage. Berücksichtige die Symbolik von Auge und Uhr.
  (z. B. Joseph sucht in der Schule nach seinem Platz in der Gesellschaft. Dabei steht er unter dem Schutz des Auges der (Lebens-)Uhr, die alles sieht. Das Auge in der Uhr erhellt Josephs Leben durch Ganzheit und Fülle (positive Impulse). Es weckt und unterstützt den Lebensgeist, den er benötigt, um seinen Platz zu finden.)
- Könnte diese Uhr auch in Auggies Schule hängen? Begründe deine Meinung.
  (z. B. Ja, weil die Schule Auggie maßgeblich bei der Suche nach seinem Platz im Leben unterstützt. Durch die Schule erfährt er die Fülle des Lebens im Positiven wie im Negativen./Nein, weil die Uhr mit dem schützenden Auge in den Helferfiguren (Familie, Freunde, Daisy, Mr. Pomann) verankert und somit nicht mehr notwendig ist.)

Rückschau: Ein ganzes gutes Jahr?
Auggie bewertet das Schuljahr, indem er mit Mr. Pomann die positiven Aspekte und die Tiefpunkte reflektiert. Für diese Aufgabe eignet sich eine Partnerarbeit. Je ein Schüler widmet sich den positiven Aspekten bzw. den Tiefpunkten. Dabei können Ambivalenzen auftreten, denn auch in den Tiefpunkten zeigen sich gute Entwicklungen. Lassen Sie die Jugendlichen diese Diskrepanz herausarbeiten und halten Sie die wichtigsten Ergebnisse in einer mündlichen oder schriftlichen Zusammenfassung fest. In einem weiteren Schritt können die Schüler eigene Stationen in ihrem Leben oder bei bekannten Persönlichkeiten wie Schauspielern, Musikern etc. ausfindig machen, in denen es Parallelen zu Auggies Erkenntnissen gibt.

positive Aspekte:
- Schulisch war es für Auggie ein hervorragendes Jahr. Denn: Auggie ist einer der besten Schüler (S. 407).
- Mit Jack hat Auggie einen guten Freund gefunden.
- Julian kehrt im kommenden Schuljahr nicht an die Beecher Prep zurück (S. 408). Damit bleiben Auggie seine Gemeinheiten in Zukunft erspart.

Tiefpunkte:
- Einen Tiefpunkt stellt der Übergriff im Naturreservat dar (S. 407). Aber: Die anderen haben sich für Auggie eingesetzt (S. 408).
- Es gab schwierige Situationen mit Julian (S. 408). Aber: Mr. Pomann weist Auggie darauf hin, dass er sich gewünscht hätte, Auggie und Jack wären wegen der Botschaften auf den Zetteln im Schließfach früher zu ihm gekommen (S. 408). Er hätte die beiden unterstützt.

Ente gut, alles gut?

Mr. Pomann möchte von Auggie wissen, warum er sich als Ente dargestellt hat (S. 409). Anders als Mr. Pomann, der darin eine symbolische Bedeutung sieht, ist die Ente für Auggie einfach nur ein Tier. Nutzen Sie für die folgenden Arbeitsaufträge die Methode „Kugellager".

Arbeitsaufträge:

- Findet heraus, welche Bedeutungen dem Begriff „Ente" in der deutschen Sprache zugeschrieben werden. Diskutiert dazu den Satz „... manchmal ist eine Ente einfach nur eine Ente!" (S. 410).
  (Ente als (Schwimm-)Tier, als Krafttier und als Falschnachricht in einer Zeitung)
- Erkläre, wie Auggie und Mr. Pomann den Begriff „Ente" verstehen.
  (Auggie: Für Auggie sind Enten einfach mittelgroße Wasservögel. Ihm ist nicht bewusst, dass ein Tier für andere eine viel tiefere Bedeutung haben kann.
  Mr. Pomann: Der Schulleiter spielt auf das Märchen „Das hässliche Entlein" von Hans Christian Andersen an. Darin wird das vermeintliche Entlein von seinen Artgenossen wegen seines Aussehens diskriminiert, aber am Schluss entwickelt es sich zum schönen Schwan (innere Schönheit und Kraft).)

Kugellager
Bei dieser Gesprächsmethode sitzen sich die Schüler in einem Außen- und Innenkreis paarweise gegenüber. Sie tauschen sich zu einer Fragestellung oder einem Thema aus. Durch das regelmäßige Rotieren des Außenkreises entstehen neue Gesprächstandems. Dies führt dazu, dass die Schüler ihre Erkenntnisse bei jedem Wechsel der Gesprächspartner erweitern.

Kreativ aktiv

Der Eddie-Typ – unbelehrbar?

Die Schüler beschäftigen sich mit der Frage, ob Eddie, der stellvertretend für andere Mobbing-Täter steht, unbelehrbar ist. Er ist unfreundlich, kann und will kein Freund sein. Ausgangspunkt dafür ist Auggies Feststellung nach dem Übergriff im Naturreservat: „Dieser Eddie-Typ nimmt keine Lektionen an." (S. 407) Lassen Sie die Schüler eine Pro-und-Kontra-Debatte zur Fragestellung „Der Eddie-Typ – unbelehrbar?" entwickeln. Die Thesen und Argumente können die Schüler in einem weiteren Schritt auch verschriftlichen.

Lösungsvorschlag:
Pro (Eddie ist unbelehrbar):
Tätertypen wie die Romanfigur Eddie haben oft eine starke Neigung, Menschen zu manipulieren, Macht über andere gewinnen zu wollen oder sie zu verletzen. Vielfach werden sie von ihrem Umfeld als Anführer wahrgenommen, akzeptiert und bewundert. Sie beeinflussen häufig eine ganze Gruppe oder Klassengemeinschaft. So instrumentalisiert Eddie andere Mitschüler und sorgt dafür, dass sich keiner gegen ihn stellt. Er grenzt Auggie aus, der freundlich gesonnen ist und sich um Anerkennung bemüht. Die Unbelehrbarkeit bei seinen Handlungen zeigt sich nicht nur in seinem Auftreten gegenüber anderen Menschen, sondern auch in der Zerstörungslust. Indem sich sein aggressives Verhalten gegen Auggie entlädt, ist das Überlegenheitsgefühl so groß, dass er aufgrund der fehlenden Empathie keine Einsicht entwickeln kann.

Bei Mobbing geht es Tätern vom Typ Eddie außerdem darum, ihr Opfer – möglichst sichtbar und öffentlich – zu demütigen. Auggie soll Angst haben. Er ist auf die Hörgeräte angewiesen, weshalb der Verlust eine erhebliche Einschränkung in seinem Alltag darstellt. Mobber handeln selten aus reiner Unwissenheit. In der Regel ist ihnen bewusst, welchen Schaden sie bei ihren Opfern anrichten, und sie nehmen diese Konsequenz oft auch in Kauf. So wählt Eddie die Filmnacht während der Jahrgangsfahrt, um einerseits unerkannt zu bleiben, andererseits dennoch eine große Plattform für seine Demütigungen zu bekommen. Trotz der Gefahr erkannt zu werden, bleibt Eddie bei seinem Verhalten.

Kontra (Eddie ist belehrbar):
Tätertypen wie Eddie können durchaus ihre Lektion lernen. Dies gelingt jedoch nur dann, wenn auf Mobbing-Handlungen Konsequenzen folgen. Mr. Pomann unterbindet als Schulleiter Eddies Verhalten im Nachgang. Die Tatsache, dass sich Täter „vom Typ Eddie" vor dem Jugendrichter verantworten müssen, kann zu einer Einsicht führen. Sozialstunden und/oder die finanzielle Wiedergutmachung sowie eine persönliche Entschuldigung unterstützen diesen Prozess. In einem weiteren Schritt könnte auch der Schulausschluss als Instrument dienen, den Tätern ihr Fehlverhalten aufzuzeigen und sie mit Blick auf negative Konsequenzen für das eigene Leben Einsicht entwickeln zu lassen. Was Mobber ebenfalls oft zum Nachdenken bringt, ist eine Konfrontation mit der eigenen inneren Haltung. Wenn ihnen klar wird, dass es ihnen offenbar Spaß macht, andere zu quälen, sind sie häufig selbst schockiert und können versuchen, mithilfe professioneller Gespräche ihr Verhalten zu verändern.

Mein Platz im Leben

In dieser aufgabenverschiedenen Gruppenarbeit treffen Joseph und Auggie aufeinander. Sie kommen ins Gespräch darüber, was ihnen hilft, ihren Platz im Leben zu finden. Teilen Sie die Schüler in Vierergruppen ein. Die Hälfte der Gruppen setzt sich mit Joseph, die andere Hälfte mit Auggie auseinander.

Arbeitsaufträge:

- Nehmt die Perspektive der Figur Joseph bzw. Auggie ein. Erklärt der anderen Figur an drei Beispielen, was euch hilft, euren Platz im Leben zu finden.
- Formuliert einen Tipp für die andere Figur.
- Bestimmt ein Gruppenmitglied, das anschließend in den Dialog mit Joseph bzw. Auggie tritt.
- Präsentiert euer Ergebnis in der Klasse.

Jahrgangsfahrt mit Hindernissen

Auggie freut sich, an der Jahrgangsfahrt teilzunehmen. Doch der Abend im Freiluftkino verläuft anders als geplant.

1. Verdeutliche den Handlungsverlauf formal und inhaltlich anhand der Erzählkurve. Ordne jeweils die Ziffern 1 bis 6 zu (S. 377–390).

Formaler Handlungsverlauf:

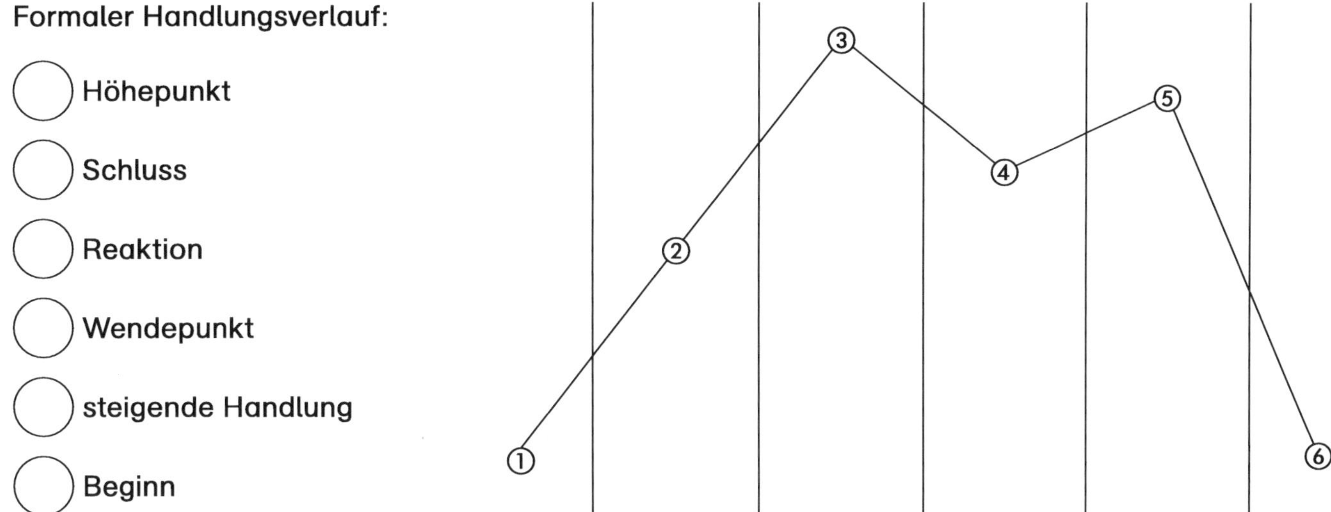

Inhaltlicher Handlungsverlauf:

	Amos, Miles und Henry tauchen plötzlich auf und verteidigen Jack und Auggie.
	Während der Filmnacht im Freien muss Jack zur Toilette.
	Jack und Auggie bedanken sich.
	Jack beschließt, mit Auggie zu flüchten.
	Auf dem Rückweg begegnen Jack und Auggie einer fremden Schülergruppe.
	Die Gruppe macht sich über Auggie lustig und stellt sich Jack und Auggie in den Weg.

2. Beurteile das Verhalten der Beteiligten zum Zeitpunkt des Übergriffs (S. 380–390), indem du die Romanfiguren 1 bis 6 in das Koordinatensystem einträgst.

1 = Auggie
2 = Jack
3 = Eddie
4 = Amos
5 = Miles
6 = Henry

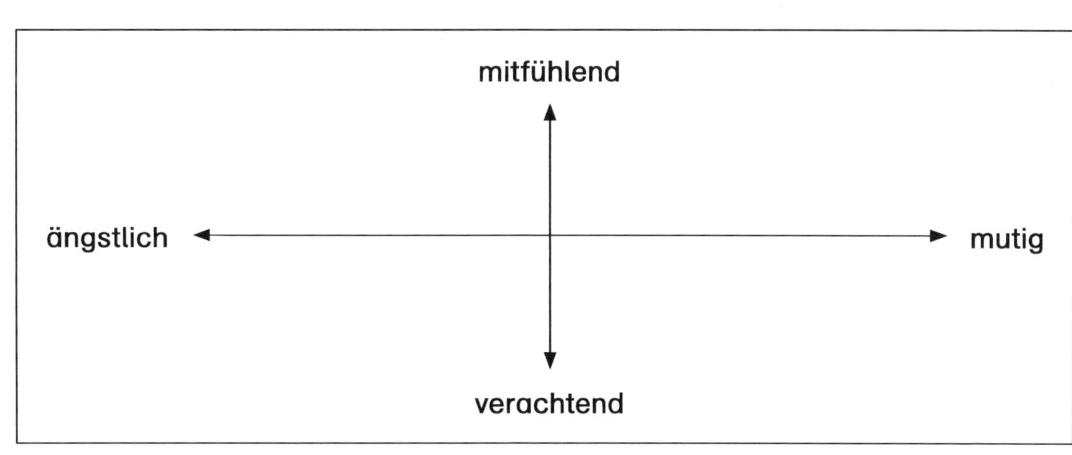

Jetzt kommt Bewegung in den Vorfall

Für Auggie ist die Begegnung mit Eddie und seinen Freunden „die schlimmste Nacht seines Lebens“ (S. 391). Er stellt fest: „[E]twas war anders. Etwas hatte sich verändert.“ (S. 392)

1. Ergänze die Reaktionen der Figuren auf den Vorfall. Welche Motive verbergen sich dahinter?

S. 392: Amos, Miles und Henry ______________________________

→ Motive: ______________________________

S. 392: Alle Mädchen ______________________________

→ Motive: ______________________________

S. 392/393: Die Jungen ______________________________

____

→ Motive: ______________________________

S. 393: Mr. Pomann ______________________________

____

→ Motive: ______________________________

S. 394: Auggies Mom ______________________________

S. 397: Auggies Mom ______________________________

S. 400: Auggies Mom ______________________________

→ Motive: ______________________________

2. Auggie bemerkt am nächsten Schultag „eine gigantische Verschiebung, vielleicht sogar eine kosmische“ (S. 404). Nenne die Veränderungen, von denen Auggie spricht.

Verschiebungen durch den Vorfall		
Verschiebung 1 (S. 404):	Verschiebung 2 (S. 404/405):	Verschiebung 3 (S. 405):
______________	______________	______________
______________	______________	______________
______________	______________	______________
______________	______________	______________

Du bist nicht allein

Mr. Pomann zitiert in seiner Abschlussrede aus dem Buch „Unter dem Auge der Uhr“ von Christopher Nolan.

1. Vergleiche den Protagonisten Joseph mit Auggie. Entscheide, ob eine Gemeinsamkeit vorliegt. Schränke sie gegebenenfalls ein.

Joseph	Gemeinsamkeit mit Auggie: Ja, aber … (Einschränkung)
Beeinträchtigung: stumm, spastische Ganzkörperlähmung, Krämpfe, Verspannungen durch Hirnschädigung bei Geburt	☐ ______
Kommunikation: lediglich durch Bewegung der Augen und durch Tippen auf der Tastatur mithilfe eines am Kopf befestigten Stabes	☐ ______
Schullaufbahn: Besuch einer besonderen Schule für Kinder mit Behinderungen (ab 6 Jahren); danach Highschool auf eigenen Wunsch	☐ ______
Schulleben: ehrgeiziger Schüler; Kampf um seinen Platz unter den normal entwickelten Menschen; Erleben von viel Leid im Schulalltag; besonderer Moment: ein Mitschüler hilft ihm	☐ ______
Persönlichkeit: gefangen im eigenen Körper, der viele Ausdrucksmöglichkeiten verweigert; Entwickeln von Freude und einer unaufhörlichen Seelenstärke; Verdrängung von seiner schmerzerfüllten Geschichte und freudiges In-die-Zukunft-Blicken; Verbergen des Leids durch Selbstironie	☐ ______
Familie: viel Unterstützung; trägt die Lebensumstände des Sohnes mit	☐ ______
Wissenschaft: gilt als „Wunderkind“ bei Neurologen, Computer- und Sprachwissenschaftlern	☐ ______

2. Joseph erkennt „das Antlitz Gottes in menschlicher Gestalt“ (S. 426), als ihm ein Mitschüler hilft.

a) Durch welche vier Verhaltensweisen wird Gott hier im Menschen sichtbar (S. 427)?
b) Beziehe die Begriffe auf die beiden Gottesbilder „der liebende Gott“ und „Gott als Hirte“ sowie auf Auggies Erleben.
c) Formuliere eine Schlussfolgerung in Bezug auf das Ausgangszitat. Schreibe in dein Heft.

Stille Stärke – große Wirkung

Wer sich „während des Schuljahrs in gewissen Bereichen als herausragend oder außergewöhnlich erwiesen hat“ (S. 430), erhält die Henry-Ward-Beecher-Ehrenmedaille.

1. Wie begründet Mr. Pomann die Vergabe der Auszeichnung? Vervollständige den Lückentext mithilfe des Wortspeichers.

stille Stärke	richtige Weise	Herzen bewegt	Charakterstärke	Ehrenmedaille
Freundschaft	Mut	Freundlichkeit	echter Größe	

Menschliche Eigenschaften wie ______________________, ______________________,

______________________ und ______________________ führen durch die

Weiterentwicklung unserer Persönlichkeit zu ______________________. Mr. Pomann

ergänzt seine Aussage mit den Worten von Henry Ward Beecher, Prediger, Kämpfer gegen die

Sklaverei und Namensgeber der Middle School: „Echte Größe liegt nicht darin, stark zu sein,

sondern darin, die eigene Stärke auf die ______________________ zu benutzen …

Wahre Größe zeigt derjenige, dessen Stärke die meisten ______________________ …“

Augusts ______________________ hat das erreicht. Deshalb erhält er die

______________________.

2. Wie gelingt es Auggie an der Schule, seine Stärke nach außen hin zu präsentieren? Notiere drei Ideen.

____

____

____

3. Lies die Aussagen von Henry Ward Beecher. Formuliere die Zitate so um, dass sie zu konkreten Botschaften für Auggie werden. Schreibe die Antworten in dein Heft.

a) Jeder neue Tag hat zwei Griffe. Wir können ihn am Griff der Ängstlichkeit oder am Griff der Zuversichtlichkeit halten.

b) Schau nicht zurück auf das Glück oder träume von ihm in der Zukunft. Das Heute ist dir sicher. Betrüge dich nicht selbst darum.

Kapitelübergreifende Arbeit

Die folgenden Kopiervorlagen und Unterrichtsvorschläge beziehen sich auf die ganze Lektüre. Die Arbeitsblätter regen die Schüler dazu an, die komplexe Erzählstruktur des Romans zu erfassen, in Zusammenhängen zu denken und ihre Erkenntnisse abschließend in einem Gesamteindruck zusammenzuführen.

Unterrichtsschwerpunkte

- Diagramme erstellen und auswerten
- Modelle anwenden
- Leseverhalten reflektieren

Zu den Kopiervorlagen

Eine Geschichte, viele Erzähler

Als Vorbereitung auf das Arbeitsblatt verwenden Sie den Gesprächsanlass „Meine Version der Geschichte“ (siehe S. 70). Im Anschluss erstellen die Schüler in Aufgabe 1 ein Diagramm, das einen Überblick über den Erzählanteil der insgesamt sechs Figuren ermöglicht. So lässt sich leicht erkennen, auf wie vielen Seiten die Ich-Erzähler jeweils aus ihrer Perspektive berichten. Auf mathematisch interessierte Schüler wirkt diese Aufgabe besonders motivierend. In Aufgabe 2 verknüpfen die Schüler Form und Inhalt, indem sie ihre Erkenntnisse aus Aufgabe 1 einbeziehen. Abschließend beurteilen sie in Aufgabe 3 die Wirkung der verschiedenen Erzählperspektiven.

Den weiterführenden produktionsorientierten Arbeitsauftrag „Julian“ finden Sie in der Rubrik „Kreativ aktiv“ (siehe S. 71).

Lösung

Aufgabe 1:

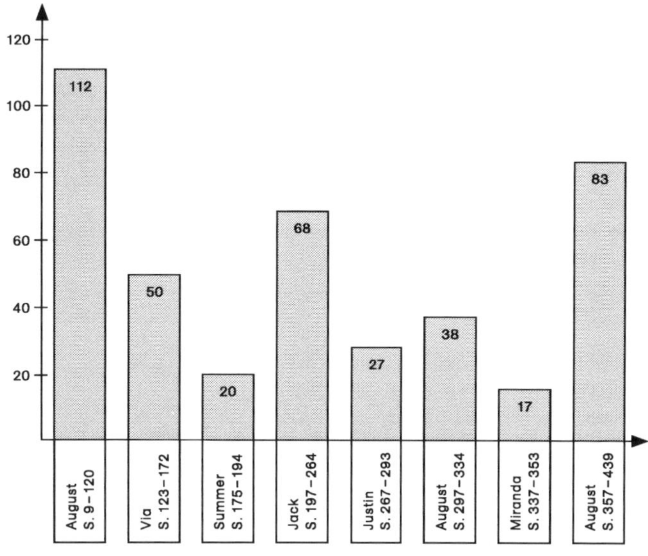

Aufgabe 2:

Auggie hat den größten Erzählanteil, da er die Hauptfigur des Romans ist. Deshalb erfahren wir besonders viel darüber, was er erlebt und fühlt. Da seine Schwester Via und sein Freund Jack besonders wichtig für Auggie und seine Entwicklung sind, haben sie unter den anderen Figuren den größten Erzählumfang.

Aufgabe 3:

Vorteile: Verständnis für verschiedene Sichtweisen, detailgenaueres Erzählen (durch unterschiedliche Wahrnehmung der Ich-Erzähler)

Nachteile: Gefahr der Wiederholung, Verständnisschwierigkeiten durch Erzähl- und Handlungssprünge

Auggies Heldenreise

Das Arbeitsblatt enthält den Ablauf der Heldenreise in Anlehnung an Christopher Voglers Modell *(https://filmschreiben.de/die-heldenreise-teil-1/)*. Die Jugendlichen erkennen, dass dem Roman tatsächlich ein solches Erzählmuster zugrunde liegt. Kennzeichnend für dieses Modell ist, dass einzelne Stationen weggelassen werden oder sich wiederholen können. Das Arbeitsblatt stellt Auggies Heldenreise in elf von zwölf möglichen Stationen dar. Dabei wird die Jahrgangsstufenfahrt als gefährlichster Punkt aufgegriffen.

Lösung

1. behütetes Zuhause und Hausunterricht
2. Anregung der Eltern zum Schulbesuch
3. Auggies Gegenwehr im Auto
4. Überzeugungskunst der Mutter

5. Schulführung mit „Willkommens-Komitee“
6. erster Schultag, Mittagspause, Halloween mit Summer, Jack und Julian
7. Angriff durch Siebtklässler während der Jahrgangsfahrt
8. Verteidigung durch Mitschüler und erfolgreiches Entkommen
9. Veränderung/Erneuerung des Verhältnisses zu den Mitschülern
10. neues Gefühl der Zugehörigkeit und Entwicklung der Persönlichkeit
11. Verleihung der Medaille

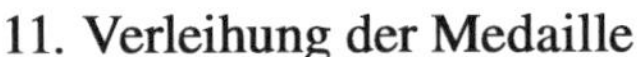

KV Seite 74

Ein wundervolles Buch

Mithilfe dieses Arbeitsblatts setzen sich die Schüler zuerst mit dem Titel des Romans und dem Wunderbegriff auseinander, bevor sie ihr eigenes Lektüreerlebnis reflektieren. Beginnen Sie den Unterricht entweder mit der Abfrage des persönlichen Begriffsverständnisses (Wie würdest du Wunder definieren?) oder führen Sie ein Brainstorming zu „Wunder“ durch, in dem die Schüler sämtliche Wörter sammeln, die „Wunder/wunder“ als Wortbestandteil enthalten.

Aufgabe 1 fördert die Lesekompetenz der Jugendlichen mit den Schwerpunkten sinnerfassendes Lesen und Textverständnis. Aus dem Informationstext ergeben sich die Wunderkategorien, die die Schüler zur Bearbeitung von Aufgabe 2 benötigen. Vorher stellen sie mithilfe von vorgegebenen Seitenzahlen die Romanpassagen zusammen, die den Wunderbegriff beinhalten. Anschließend fassen die Schüler ihren Gesamteindruck anhand von Adjektiven zusammen, die „wunder“ als Wortbestandteil aufweisen. Sie machen sich bewusst, wie vielfältig das Wort „Wunder“ in der deutschen Sprache verwendet wird.

Ausgehend von ihren Überlegungen formulieren die Schüler zum Abschluss aussagekräftige Statements zum Roman. Den Arbeitsauftrag „Wunderbare Statements“ finden Sie in der rechten Spalte unten.

Lösung

Aufgabe 1:

Das Wort „Wunder“ wird in unserer Sprache unterschiedlich benutzt. In der Alltagssprache existieren Wörter, die „Wunder“ als Bestandteil haben. Sie drücken meist Bewunderung oder Staunen aus. Naturwissenschaft und Medizin sprechen von „Wunder“, wenn etwas den Naturgesetzen widerspricht, aber trotzdem existiert. In der Theologie werden „Wunder“ in Verbindung mit der Einwirkung einer überirdischen, göttlichen Macht gebracht.

Aufgabe 2:

a) und b)

	Wie kommt der Begriff „Wunder“ vor?	Bereich
S. 5	„eins dieser Wunder von Gottes Schöpfung“	Theologie
S. 9	„Wunderlampe“	Alltagssprache
S. 134	„All das [Auggies Krankheitsverlauf] wird als Wunder angesehen.“	Naturwissenschaft/Medizin
S. 191	Auggie als „medizinisches Wunder“	Naturwissenschaft/Medizin
S. 339	Mirandas Lügen haben „wahre Wunder vollbracht“.	Alltagssprache
S. 408	„Das [Auggies Verteidigung] war ziemlich wunderbar.“	Alltagssprache
S. 439	„Du bist wirklich ein Wunder, Auggie. Du bist ein Wunder.“	Theologie, Naturwissenschaft/Medizin, Alltagssprache

c) Feststellung: Der Romantitel ist im Plural gemeint, weil er mehrere Wunderbegriffe beinhaltet.

Aufgabe 3:

individuelle Lösung

Gesprächs- und Schreibanlässe

Meine Version der Geschichte

Bei diesem Gesprächsanlass unterhalten sich die Schüler in Kleingruppen über ein vorgegebenes Thema (z.B. Wetter, die letzte Deutschstunde, eine vergangene Klassenaktivität). Danach präsentiert eine Gruppe exemplarisch ihren Austausch, wobei nacheinander alle Mitglieder zu Wort kommen. Die übrigen Schüler hören ausschließlich zu, ohne zu kommentieren. Sie erfahren durch die Präsentation, dass jeder unterschiedliche Erzählschwerpunkte setzt. Verstärkt wird das Ergebnis, wenn nur das Gruppenmitglied im Raum ist, das erzählt. Die anderen können in dieser Zeit nach Möglichkeit vor der Tür warten oder Ohrstöpsel verwenden.

Wunderbare Statements

In Anlehnung an die abgedruckten Pressestimmen auf dem hinteren Romaneinband verfassen die Schüler eigene kurze Statements.

Arbeitsauftrag:
Auf der Rückseite des Buches findest du Stimmen aus den Medien. Wie hättest du dich geäußert? Formuliere ein aussagekräftiges Statement zu Raquel J. Palacios Roman „Wunder“.

Kreativ aktiv

Julian

Im Roman kommt Julian nicht als Ich-Erzähler vor. In einer aufgabenverschiedenen Gruppenarbeit schreiben die Schüler einen weiteren Abschnitt des Romans. Teilen Sie die Jugendlichen dazu in vier Gruppen ein. Bei Bedarf können die Themen „Schulführung“, „Mittagspause“, „Halloween“ und „Jahrgangsfahrt“ auch mehrfach bearbeitet werden. Der besondere Reiz am Kapitel zur Jahrgangsfahrt liegt darin, dass Julian hier schildern kann, wie es sich für ihn anfühlt, nicht dabei zu sein. Die Texte der einzelnen Gruppen ergeben zusammen Julians Teil der Geschichte. Fügen Sie sie am Ende zusammen und lesen Sie das Ergebnis gemeinsam mit der Klasse.

Arbeitsauftrag:
Versetzt euch in Julians Lage. Verfasst gemeinsam ein Romankapitel. Berücksichtigt dabei euer Gruppenthema.

Weisen Sie die Schüler gegebenenfalls darauf hin, dass ein weiterer Roman erschienen ist, in dem auch Julian zu Wort kommt: Raquel J. Palacio, „Wunder – Julian, Christopher und Charlotte erzählen“, dtv (Reihe Hanser), 2018.

Stummes Stimmungsbild

Falls Ihre Schüler zu Beginn der Lektürearbeit den gleichnamigen Auftrag auf Seite 12 bearbeitet haben, können Sie das Stimmungsbild nun wiederholen. So lassen sich die anfänglichen Meinungen mit den Positionen am Schluss vergleichen. Was hat sich im Verlauf der Lektüre geändert und warum?

Eine Geschichte, viele Erzähler

Der Roman enthält verschiedene, wechselnde Erzählperspektiven.

1. Stelle den Erzählanteil der einzelnen Figuren grafisch im Säulendiagramm dar. Berechne hierzu den tatsächlichen Seitenumfang der Kapitel (z. B. Via: 172 – 123 + 1 = 50).

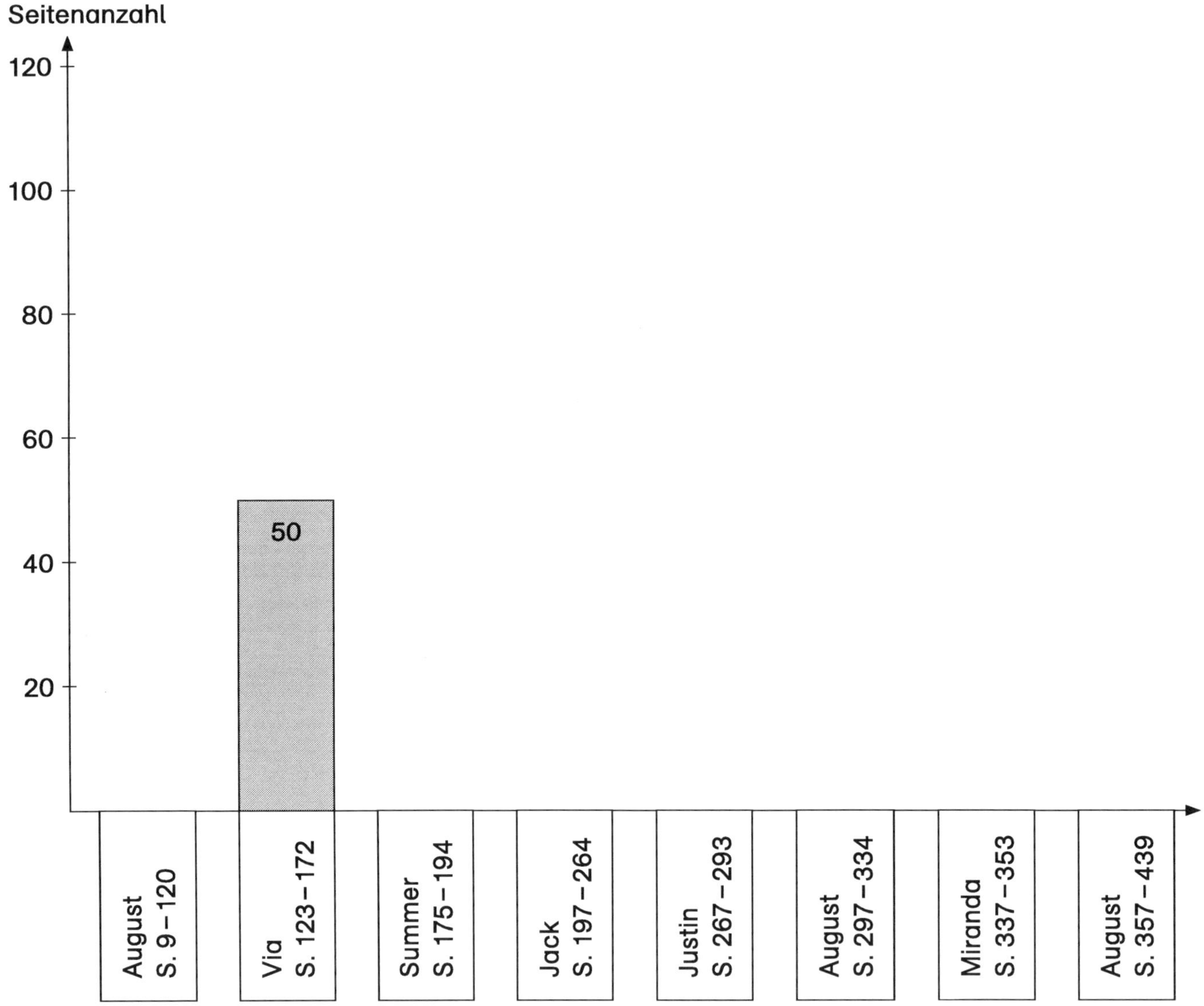

Seitenanzahl

120

100

80

60

40

20

50

August S. 9–120	Via S. 123–172	Summer S. 175–194	Jack S. 197–264	Justin S. 267–293	August S. 297–334	Miranda S. 337–353	August S. 357–439

2. Diskutiert, wie sich die Verteilung der Erzählanteile inhaltlich auswirkt.

3. Das Erzählen der Geschichte aus unterschiedlichen Perspektiven hat Vor- und Nachteile für den Leser. Überlege dir jeweils zwei Aspekte.

Vorteile: ______________________________

____

Nachteile: ______________________________

____

Auggies Heldenreise

Auggies Weg durch das erste Schuljahr hält viele Herausforderungen bereit.

Übertrage das Modell der „Heldenreise“ auf Auggie. Notiere passende Stichpunkte zum Handlungsablauf.

Modell	Auggies Heldenreise
1. Ausgangspunkt ist die gewohnte Welt des Helden.	
2. Der Held wird zum Abenteuer gerufen.	
3. Diesem Ruf verweigert er sich zunächst.	
4. Ein Mentor überredet ihn, die Reise anzutreten. Das Abenteuer beginnt.	
5. Der Held überschreitet die erste Schwelle.	
6. Der Held wird vor erste Bewährungsproben gestellt und trifft dabei auf Verbündete und Feinde.	
7. Am gefährlichsten Punkt trifft er auf den Gegner.	Angriff durch Siebtklässler während der Jahrgangsfahrt
8. Hier findet die entscheidende Prüfung statt: Konfrontation und Überwindung des Gegners.	
9. Der Held erhält nun neue Einblicke.	
10. Der Feind ist besiegt. Der Held ist durch das Abenteuer zu einer neuen Persönlichkeit gereift.	
11. Am Ende der Reise wird der Held mit Anerkennung belohnt.	

Ein wundervolles Buch

Raquel J. Palacio nennt ihr Buch „Wunder“: ein kurzer Titel, der zum Nachdenken anregt.

1. Lies, was „Wunder“ meint, und unterstreiche die Bereiche, in denen der Begriff verwendet wird.

Das Wort „Wunder“ wird in unserer Sprache unterschiedlich benutzt. In der Alltagssprache existieren Wörter, die „Wunder“ als Bestandteil haben. Sie drücken meist Bewunderung oder Staunen aus. Naturwissenschaft und Medizin sprechen von „Wunder“, wenn etwas den Naturgesetzen widerspricht, aber trotzdem existiert. In der Theologie werden „Wunder“ in Verbindung mit der Einwirkung einer überirdischen, göttlichen Macht gebracht.

2. „Das Wunder“ oder „Die Wunder“? Untersuche anhand der angegebenen Textstellen, welche Variante der Buchtitel meint.

a) Schreibe auf, wie der Begriff im Roman vorkommt.
b) Ordne jeder Textstelle einem der in Aufgabe 1 genannten Bereiche zu.
c) Singular oder Plural? Notiere deine Feststellung.

	Wie kommt der Begriff „Wunder“ vor?	Bereich
S. 5		
S. 9		
S. 134		
S. 191		
S. 339		
S. 408		
S. 439		

Feststellung: ______________________________

3. Reflektiere deine Meinung zum Roman. Führe die Satzanfänge zu Ende.

Verwundert war ich ______________________________

Bewundernswert fand ich das Verhalten der Figur ____________________, weil

____

Wunderbar fand ich ______________________________

Arbeit mit dem Film zum Buch

Medienerziehung ist in der zunehmend digitalisierten Lebenswelt eines der zentralen Bildungsziele der Schule. Die Jugendlichen sollen die Merkmale der verschiedenen Medien kennen sowie an einen kompetenten Umgang mit ihnen herangeführt werden. In diesem Kapitel beschäftigen sich die Schüler mit den maßgeblichen Unterschieden der Medien Buch und Film sowie mit der Frage, was ein Medium leisten kann und wo dessen Grenzen liegen.

Je nach Aufmerksamkeitsspanne Ihrer Schüler und der medialen Infrastruktur Ihrer Schule präsentieren Sie den Film ganz oder ausschnittsweise.

Unterrichtsschwerpunkte

- Medieninhalte vergleichen (Buch/Film)
- Filmanalyse durchführen
- Medienangebote bewerten

Zu den Kopiervorlagen

Anders, aber sinnvoll?

Die medienverbindende Arbeit eröffnen Sie mit dem Arbeitsauftrag „Ich als Regisseur“ aus der Rubrik „Kreativ aktiv“ (siehe S. 77). Durch diese Sensibilisierung gelingt es den Schülern in Aufgabe 1 des Arbeitsblatts, anhand genauer Beobachtungen die Stärken und Grenzen von Buch und Verfilmung zu erfassen. In Aufgabe 2 kombinieren die Schüler ihre grafischen Erkenntnisse aus Aufgabe 1 mit einem Zitat aus dem Roman, um eine Schlussfolgerung zu ziehen. Aufgabe 3 erfordert das konzentrierte Vergleichen zur Identifikation des jeweiligen Mediums. In der filmischen Umsetzung gibt es inhaltliche Verknappungen und Zusammenlegungen, die durch eine genaue Kenntnis der Lektüre identifiziert werden. Schlusspunkt der Kopiervorlage stellt Aufgabe 4 dar, in der die Schüler nochmals aus der Sicht des Regisseurs agieren. Die kommunikative Aufgabenstellung lässt sich als Partner- oder Gruppenarbeit durchführen.

Lösung

Aufgabe 1:

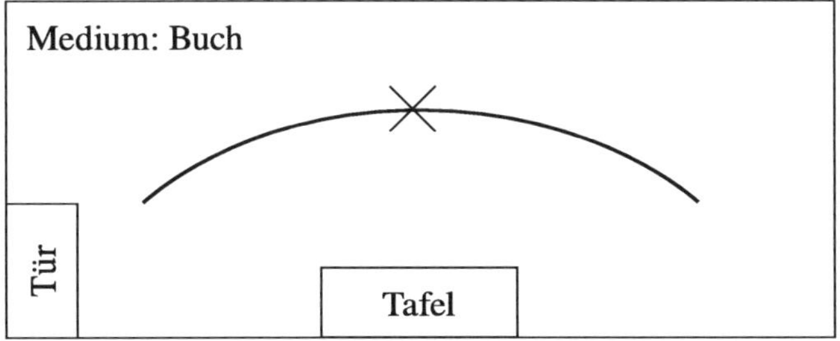

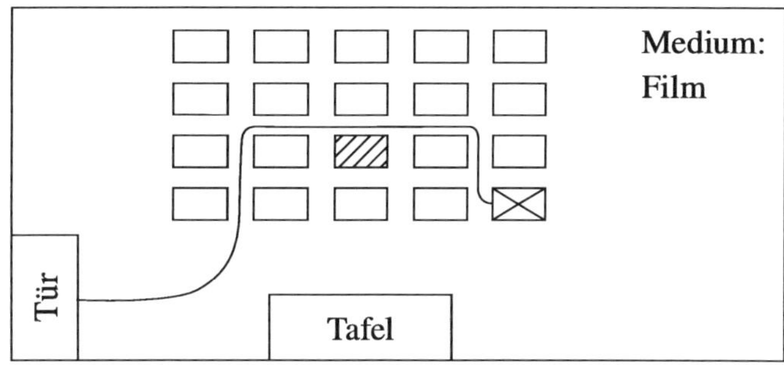

Aufgabe 2:

Wenn Auggie in einem Halbkreis in der Mitte sitzt, fällt es den anderen leicht, ihn anzuschauen (entgegen seiner Vermutung auf Seite 59 im Roman). Alle müssen den Kopf nur leicht drehen. Wenn Auggie in der ersten Reihe außen sitzt, fällt es den anderen schwer, ihn anzuschauen. Sie sehen ihn nur von hinten oder von der Seite. Im Film sitzt Auggie an der Stelle, an der man ihn am wenigsten mustern kann.

Aufgabe 3:

	Buch	Film
Mr. Browne ist Auggies Englischlehrer.	X	
Mr. Browne ist groß und hat einen (…).	X	
Mr. Browne ist Afroamerikaner.		X
Mr. Browne trägt weiße Turnschuhe.		X
Miss Petosa arbeitete vorher (…).	X	
Mr. Browne arbeitete vorher (…).		X
Mr. Browne führt mit der Klasse (…).		X
Mr. Browne stellt für jeden Monat (…).	X	X

Aufgabe 4:

Der Regisseur hat Mr. Brownes Namen mit seinem Äußeren verknüpft. Im Film ist er Afroamerikaner, während er im Roman anders beschrieben wird („blonder Bart“, S. 70). Damit sorgt der Regisseur für eine multiethnische Besetzung im Film (wie auch durch die Figur Summer). Außerdem vereint der Regisseur in Mr. Browne drei Lehrer (Miss Petosa, Mr. Roche und ihn selbst). Diese Entscheidung sorgt für eine Verdichtung und weniger Personenwechsel in kurzen Szenen.

Aus dem Reich der Fantasie

Lassen Sie die Schüler in einem Brainstorming alle Fantasiefiguren aus dem Roman zusammentragen. Danach leiten Sie zum Arbeitsblatt über. Im Fokus steht die Auseinandersetzung mit drei Fantasiefiguren, die im Film vorkommen. Dabei handelt es sich um die zwei

Helferfiguren Major Tom und Chewbacca (Wookiee) sowie um den Gegenspieler Darth Sidious, der das Böse verkörpert. Zunächst ordnen sie die Fantasiefiguren den aufgeführten Filmstellen zu. Dazu stoppen Sie den Film während der Vorführung an den entsprechenden Stellen oder zeigen die Szenen danach noch einmal. In den Auftritten schwingt meist eine Hoffnung auf Integration und Akzeptanz mit. Dieses Wissen unterstützt die Schüler dabei zu identifizieren, welche Bedeutung die Figur jeweils für Auggie hat und welche Wirkung die Einblendung beim Zuschauer hervorruft.

Lösung

Filmstelle	Figur	Bedeutung für Auggie	Wirkung auf den Zuschauer
00:01:12	①	Leichtigkeit (noch kein Schulbesuch)	positiver Einstieg: Zeit zum Durchatmen, bevor es losgeht (Zeitlupen-Charakter)
00:14:17	①	Schutz vor und Flucht aus der Realität	Verdeutlichung von Auggies Angst vor dem gesellschaftlichen Ausschluss, Hoffnung
00:17:58	②	Auggie erkennt, dass von Julian eine Gefahr ausgehen könnte	Verbildlichung der Figur, besonders für diejenigen, die „Star Wars“ nicht kennen
00:33:16	③	Verständnis für die Blicke der anderen	Verbildlichung der Figur, besonders für diejenigen, die „Star Wars“ nicht kennen
00:36:54	①	Triumph, positives Erlebnis beim Verlassen der Schule mit seinem neuen Freund Jack	Hoffnung bestätigt sich: Jetzt wird alles gut!
00:37:49	①	Vorfreude auf den nächsten Tag, weniger Angst wegen Jack	Zuschauer freut sich mit Auggie
00:38:41	③	sein Anderssein wird langsam zur Normalität	Verstärkung der Freude
01:40:16	③	Akzeptanz: Wookiee klatscht und freut sich mit allen anderen für Auggie	Freude, Mitgefühl für Auggies Rührung, „Gänsehaut-Gefühl“
01:41:38	①	Siegessprung: Schuljahr erfolgreich beendet	Happy End und Gewissheit über den guten Ausgang

KV Seite 80

Ausgezeichnet!
Diese Kopiervorlage eignet sich als Abschluss der Unterrichtseinheit zu „Wunder“. Im Fokus steht das Ende von Buch und Film. In Aufgabe 1a geht es um genaues Zuhören, bevor die Schüler in Aufgabe 1b einen Vergleich beider Medien anstellen. Aufgabe 2 fördert die Urteilskompetenz der Jugendlichen. Aufgabe 3a verdeutlicht das unterschiedliche Ende von Buch und Film. Die Schüler erweitern ihre Argumentationsfähigkeit in der Aufgabe 3b.

Lösung
Aufgabe 1:

a) Einen Applaus haben verdient …
meine Freunde, weil ich mich auf sie verlassen kann.
meine Lehrer, weil sie immer fair zu mir waren.
meine Schwester, weil sie immer für mich da ist.
mein Dad, weil er uns immer zum Lachen bringt.
meine Mom, weil sie niemals aufgibt, (…) ganz besonders bei mir.

b) Das Zitat findet sich im Roman sinngemäß nach Vias Theateraufführung. Als alle für sie und Justin klatschen, stellt Auggie fest: „Ich finde, es sollte eine Regel geben, dass jeder Mensch auf der Welt wenigstens einmal in seinem Leben Standing Ovations bekommen muss.“ (S. 331) Erweitert um die Worte „denn wir alle überwinden die Welt“ steht das Zitat als „August Pullmans Maxime“ auf Seite 444.
Im Buch ist von allen Menschen die Rede, nicht nur von Menschen aus Auggies Umfeld. Statt „Applaus“ steht hier „Standing Ovations“. Im Film wird Auggies Aussage im Rahmen der Abschlussfeier verwendet.

Aufgabe 2:
Julian nutzt seine Chance für einen Neuanfang, weil er klatscht, lächelt und zur Abschlussfeier gekommen ist, obwohl er die Schule nicht mehr besuchen wird.

Aufgabe 3:
a) Das Schlusszitat aus dem Film kommt im Buch nicht vor. Die letzten beiden Kapitel aus dem Roman werden im Film nicht berücksichtigt. Die Lektüre endet nicht mit Auggies Worten, sondern mit der Aussage seiner Mutter: „Du bist wirklich ein Wunder, Auggie. Du bist ein Wunder." (S. 439)

b) individuelle Lösung

Kreativ aktiv

Ich als Regisseur
Filmisches Erzählen erfordert die Auswahl passender Sequenzen aus der Romanvorlage. Die Schüler versetzen sich in die Rolle eines Regisseurs und entscheiden, welche Inhalte sie übernehmen und welche sie aussparen würden.

Arbeitsauftrag:
Lest die Seiten 59 bis 75. Welche Momente aus dem Roman müssen unbedingt im Film vorkommen? Welche Details kann man aussparen? Begründet eure Entscheidung.

Anders, aber sinnvoll?

Die filmische Adaption übernimmt Szenen aus dem Roman, verändert sie an mancher Stelle aber auch. Ein Beispiel hierfür stellt Auggies erster Schulvormittag dar.

1. Auggie betritt das Klassenzimmer und sucht sich seinen Sitzplatz (Buch S. 59, Film ab Minute 14:40). Ergänze die Abbildungen wie folgt.

a) Welche Abbildung bezieht sich auf das Medium Buch, welche auf das Medium Film? Notiere.
b) Markiere jeweils mit einem Kreuz, an welchem Platz Auggie sitzt.
c) Welchen Weg wählt Auggie im Film durchs Klassenzimmer? Zeichne ihn ein.
d) Schraffiere, an welchem Platz Auggie im Film ursprünglich sitzen wollte.

Medium: ____________

Tür

Tafel

Medium: ____________

Tür

Tafel

2. Vergleiche das Zitat (S. 59) mit den Abbildungen. Formuliere dein Ergebnis im Heft.

„[…] also suchte ich mir den Tisch aus, der in der Mitte und damit am weitesten hinten stand, weil ich dachte, dass es den anderen dort am schwersten fallen würde, mich anzustarren.“

3. Lies die folgenden Aussagen und kreuze an, auf welches Medium sie sich beziehen.

	Buch	Film
Mr. Browne ist Auggies Englischlehrer.		
Mr. Browne ist groß und hat einen blonden Bart.		
Mr. Browne ist Afroamerikaner.		
Mr. Browne trägt weiße Turnschuhe.		
Miss Petosa arbeitete vorher an der Wall Street.		
Mr. Browne arbeitete vorher an der Wall Street.		
Mr. Browne führt mit der Klasse eine Vorstellungsrunde durch.		
Mr. Browne stellt für jeden Monat eine Maxime auf.		

4. Diskutiert, welche Absicht der Regisseur mit seiner Umsetzung von Mr. Browne verfolgt.

Aus dem Reich der Fantasie

Die Verfilmung des Romans arbeitet mit fantastischen Einschüben.

Vervollständige das Schaubild.

a) Ordne die Figuren den Filmstellen zu, indem du die Ziffern in die Kreise einträgst: Major Tom = 1, Darth Sidious = 2, Chewbacca (Wookiee) = 3.
b) Notiere für jede Filmstelle, welche Bedeutung das Vorkommen der Figur für Auggie hat und wie sie auf den Zuschauer wirkt.

Filmstelle	Figur	Bedeutung für Auggie	Wirkung auf den Zuschauer
00:01:12	◯		
00:14:17	◯		
00:17:58	◯		
00:33:16	◯		
00:36:54	◯		
00:37:49	◯		
00:38:41	◯		
01:40:16	◯		
01:41:38	◯		

Ausgezeichnet!

Am Ende des Schuljahrs erhält Auggie die Henry-Ward-Beecher-Medaille. Diese Szene ist Bestandteil von Buch und Film. Trotzdem gibt es Unterschiede.

1. Im Film sagt Auggie, „dass jeder von uns zumindest einmal im Leben einen Riesenapplaus verdient hat“ (ab 01:40:40).

a) Ergänze jeweils den Grund für den Applaus, den Auggie im Film äußert. Nennt er keinen, überlege dir einen möglichen Grund.

Einen Applaus haben verdient …

meine Freunde, weil ________________________________

meine Lehrer, weil ________________________________

meine Schwester, weil ________________________________

mein Dad, weil ________________________________

meine Mom, weil ________________________________

b) Im Buch kommt diese Szene nicht vor. Trotzdem findest du Auggies Aussage sinngemäß an zwei Stellen im Roman. Suche und vergleiche sie mit der Aussage im Film.

2. Lies Julians Maxime (S. 444). Schaut dann den Filmausschnitt ab 01:38:00 an. Nutzt Julian seine Chance für einen Neuanfang? Begründe deine Meinung.

____

____

Der Film endet mit Auggies Worten: „Sei gütig, denn alle Menschen, denen du begegnest, kämpfen einen schweren Kampf. Und wenn man erkennen will, wie Menschen sind, braucht man nichts weiter zu tun, als hinzusehen.“

3. Vergleiche das Ende des Films mit dem Schluss im Roman.

a) Was stellst du fest? Schreibe auf.

____

____

____

____

b) Welches Ende gefällt euch besser? Diskutiert.

